2014
中国出版风向标

中国出版协会 编

綫裝書局

图书在版编目（CIP）数据

2014中国出版风向标 / 中国出版协会编. -- 北京 :线装书局，2013.12
ISBN 978-7-5120-1249-3

Ⅰ. ①2… Ⅱ. ①中… Ⅲ. ①图书出版—概况—中国—2014 Ⅳ. ①G239.2

中国版本图书馆CIP数据核字(2013)第319018号

2014中国出版风向标

出 版 人：刘建国　李宝中
总 策 划：李宝中
特邀编辑：邢　岩　刘丽霞　伍旭升　温　暄
责任编辑：李　琳
装帧设计：王文龙　白　晨
出版发行：线装书局
地　址：北京市西城区鼓楼西大街41号（100009）
电　话：010-64045283　64041012
网　址：www.xzhbc.com
经　　销：新华书店
印　　制：北京华正印刷有限公司
开　　本：787mm×1092mm　1/16
印　　张：18
字　　数：240千字
版　　次：2014年1月第1版第1次印刷
印　　数：2000册

定　　价：45.00元

目　录

代总序言

党中央、国务院有关文件及相关部委领导讲话

2014北京图书订货会高层论坛演讲稿

出版传媒集团2014改革发展大趋势

大社名社特色社2014改革发展方略

2014北京图书订货会相关重要资料

代总序言

打造会展大品牌　推动出版大发展

——寄语2013北京图书订货会

全国人大教科文卫委员会主任委员
中国出版协会理事长
柳斌杰

新年伊始，一年一度的书业品牌活动——北京图书订货会在中国国际展览中心正式拉开帷幕。这是党的十八大之后出版界举办的首场出版物展销盛会，既是对 2012 年全国出版业实体产品重要成果的一次大检阅，也是十年来出版业改革发展巨大成就的一次大展示。办好这次展会，对凝聚业界力量、推动新闻出版业大发展大繁荣具有十分重要的意义。

党的十八大全面开启了建设社会主义文化强国的新征程，新闻出版业的历史责任就是以加快向新闻出版强国迈进的实际行动，实现文化强国的目标。今年是全面深入贯彻落实党的十八大精神的开局之年，做好今年的工作十分关键。刚刚结束的全国新闻出版工作会议，对加快推进新闻出版强国建设做出了部署。从某种意义上讲，发展会展业、力推新作品，也是建设新闻出版强国的一项重要抓手。经过几年的调整、规范，目前在国内，已经形成了北京图书订货会、北京国际图书博览会、全国图书交易博览会三大书业品牌盛会。而走过 26 年历程的北京图书订货会，是目前唯一的全国性出版商与采购发行商直接见面交易、“接地气”的大型图书订货会。因此，它既是全国图书交易的平台，也是国内外出版信息交流的平台，还是出版企业展示发展成果的平台，可以说大型会展为促进我国出版业繁荣发展做出了重要贡献。

未来十年，是出版业深化改革、加快发展和产业调整、技术升级的关键时期，也是建成新闻出版强国的关键时期。改革、发展、创新的使命很光荣，任务很艰巨。这就需要集中全行业的智慧，坚定不移深化改革，凝心聚力加快发展。有着出版业“风向标”美誉的北京图书订货会，对于出版发行界开拓创新、继往开来将会起到十分积极而又重要的引导作用。要把北京图书订货会打造成会展的大品牌，要着力在四个方面下功夫：

第一，坚持改革创新，完善市场机制。北京图书订货会的发展轨迹说明，它是出版发行业思想解放的产物，它同样昭示着市场化的运作方向。换句话说，它发端于改革开放，得益于思想解放，是中国出版发行业市场化最早的探索实践，也是出版物市场交易的成功模式。但展会年年办，年年要有新亮点，持续创新是北京图书订货会的核心竞争力之一。因此，下一步，要进一步解放思想，在改革体制、创新机制上下功夫，通过改革办会体制和创新现代展会制度及运作模式，让市场化运作更加完善，让其迸发更强的市场活力、发挥更好的优势。

第二，提升质量效益，保持专业特色。与其他展会不同，北京图书订货会就是要为出版商、发行商、采购订货商和消费者搭建一个直接见面洽谈订购的平台，这就是它的定位。定位定准了，还必须办出特色，坚定不移地按照专业化路子走下去。专业化展会必须体现专业特色，提升质量效益，增强吸引力，这是做大做强北京图书订货会的唯一途径。因此，要充分利用走出去政策和“两个市场”资源，坚持高质量、高品位，真正把订货会办成中国特色的、面向世界的、以图书为主的、融出版产品及其材料设备为一体的订货会。

第三，把握未来趋势，加大品牌拓展。从国际国内形势来看，出版发行业实现大发展的战略机遇期没有变；从政策环境来看，从中央到地方，鼓励创新、支持发展的政策也很坚决。未来十年，出版发行业发展“两化”趋势将更加明显：一是市场化趋势。打破行政壁垒、区域封锁，实施兼并联合、战略重组，将会有实质性新突破，现代大市场大流通体系将会逐步建立。二是数字化趋势。随着数字传播技术的推广使用，出版物数字化、发行网络化趋势日益明显，这一趋势是不可阻挡的。办好展会，就必须把握大趋势，关注新渠道，立足长远，谋划发展。唯有如此，才能打造人财两旺、双效俱显的品牌展会。

第四，关注文化民生，强化服务意识。办展会要坚持服务行业、服务读者。从本届订货会开始，增加了现场零售服务。这打破了以往“只订购不零售”的状况，这是关注文化民生理念的一次重要体现。办书业展会，就得要读者优先，更好地为读者服务。因为书最终是要人读的，读者是“上帝”，这是书业展会的出发点和落脚点。订货会要获得长足发展，必须围绕文化民生，强化服务功能，培养最大的读者群。北京图书订货会最大的特点是服务功能强大而到位，使产销直接见面，没有中间环节。今后要认真研究出版发行单位转企改制后的新要求，树立服务第一的理念，在如何为读者、为业界提高服务水平上做文章，注重强化引导力，在引领行业发展方向、引领市场热点上进行不懈地探索。

书业盛会喜空前，全面阅读开新篇。新的一年，我们踏上了走向文明的新征程。我相信，北京图书订货会一定会越办越好，一定会打造成国内一流、国际知名的展会品牌，更好地引领我国出版发行业实现大发展大繁荣。

最后，预祝本届订货会取得圆满成功。

党中央、国务院有关文件及相关部委领导讲话

推进文化体制机制创新

——摘自《中共中央关于全面深化改革若干重大问题的决定》

建设社会主文化强国，增强国家文化软实力，必须坚持社会主义先进文化前进方向，坚持中国特色社会主义文化发展道路，培育和践行社会主义核心价值观，巩固马克思主义在意识形态领域的指导地位，巩固全党全国各族人民团结奋斗的共同思想基础。坚持以人民为中心的工作导向，坚持把社会效益放在首位、社会效益和经济效益相统一，以激发全民族文化创造活力为中心环节，进一步深化文化体制改革。

完善文化管理体制。按照政企分开、政事分开原则，推动政府部门由办文化向管文化转变，推动党政部门与其所属的文化企事业单位进一步理顺关系。建立党委和政府监管国有文化资产的管理机构，实行管人管事管资产管导向相统一。

健全坚持正确舆论导向的体制机制。健全基础管理、内容管理、行业管理以及网络违法犯罪防范和打击等工作联动机制，健全网络突发事件处置机制，形成正面引导和依法管理相结合的网络舆论工作格局。整合新闻媒体资源，推动传统媒体和新兴媒体融合发展。推动新闻发布制度化。严格新闻工作者职业资格制度，重视新型媒介运用和管理，规范传播秩序。

建立健全现代文化市场体系。完善文化市场准入和退出机制，鼓励各类市场主体公平竞争、优胜劣汰，促进文化资源在全国范围内流动。继续推进国有经营性文化单位转企改制，加快公司制、股份制改造。对按规定转制的重要国有传媒企业探索实行特殊管理股制度。推动文化企业跨地区、跨行业、跨所有制兼并重组，提高文化产业规模化、集约化、专业化水平。

鼓励非公有制文化企业发展，降低社会资本进入门槛，允许参与对外出版、网络出版，允许以控股形式参与国有影视制作机构、文艺院团改制经营。支持各种形式小微文化企业发展。

在坚持出版权、播出权特许经营前提下，允许制作和出版、制作和播出分开。建立多层次文化产品和要素市场，鼓励金融资本、社会资本、文化资源相结合。完善文化经济政策，扩大政府文化资助和文化采购，加强版权保护。健全文化产品评价体系，改革评奖制度，推出更多文化精品。

构建现代公共文化服务体系。建立公共文化服务体系建设协调机制，统筹服务设施网络建设，促进基本公共文化服务标准化、均等化。建立群众评价和反馈机制，推动文化惠民项目与群众文化需求有效对接。整合基层宣传文化、党员教育、科学普及、体育健身等设施，建设综合性文化服务中心。

明确不同文化事业单位功能定位，建立法人治理结构，完善绩效考核机制。推动公共图书馆、博物馆、文化馆、科技馆等组建理事会，吸纳有关方面代表、专业人士、各界群众参与管理。

引入竞争机制，推动公共文化服务社会化发展。鼓励社会力量、社会资本参与公共文化服务体系建设，培育文化非营利组织。

提高文化开放水平。坚持政府主导、企业主体、市场运作、社会参与，扩大对外文化交流，加强国际传播能力和对外话语体系建设，推动中华文化走向世界。理顺内宣外宣体制，支持重点媒体面向国内国际发展。培育外向型文化企业，支持文化企业到境外开拓市场。鼓励社会组织、中资机构等参与孔子学院和海外文化中心建设，承担人文交流项目。

积极吸收借鉴国外一切优秀文化成果，引进有利于我国文化发展的人才、技术、经营管理经验。切实维护国家文化安全。

进一步深化文化体制改革

中共中央宣传部常务副部长
雒树刚

文化建设是中国特色社会主义五位一体总体布局的重要内容，文化体制改革是我国全方位改革事业的重要组成部分。按照党的十八大关于全面深化改革开放的目标任务和扎实推进社会主义文化强国建设的总体要求，十八届三中全会《决定》对推进文化体制机制创新做出新的重大战略部署，鲜明提出，建设社会主义文化强国，增强国家文化软实力，必须坚持社会主义先进文化前进方向，坚持中国特色社会主义文化发展道路，培育和践行社会主义核心价值观，巩固马克思主义在意识形态领域的指导地位，巩固全党全国各族人民团结奋斗的共同思想基础。坚持以人民为中心的工作导向，坚持把社会效益放在首位、社会效益与经济效益相统一，以激发全民族文化创造活力为中心环节，进一步深化文化体制改革。这为我们在新的起点上加快文化改革发展指明了前进方向。

改革开放特别是党的十六大以来，在中央的科学决策和正确领导下，文化体制改革由点到面、逐步推开，取得重大突破和阶段性成果。中央确定的文化体制改革阶段性任务基本完成，公共文化服务体系框架初步建立，文化产业规模和实力不断壮大，文化市场空前繁荣，精品力作大量涌现，文化走出去日益拓展，文化改革发展开创了新局面，初步走出了一条中国特色社会主义文化发展道路。实践充分证明，深化文化体制改革顺应时代发展要求、符合文化发展规律，是推动社会主义文化大发展大繁荣、建设社会主义文化强国的根本途径和必由之路。

实践发展永无止境，改革创新亦无穷期，文化体制改革只有进行时、没有完成时。党的十八大提出全面建成小康社会和全面深化改革开放这“两个全面”的要求，给文化体制改革打开了新的天地、注入了新的动力、提出了新的要求。习近平总书记在全国宣传思想工作会议上强调指出，继续大胆推进改革、推动文化事业全面繁荣和文化产业快速发展、建设社会主义文化强国，同时，把握好意识形态属性和产业属性、社会效益和经济效益的关系，始终坚持社会主义先进文化前进方向，始终把社会效益放在首位，进一步明确了我们加快文化改革发展的基本遵循。只有深化文化体制改革，不断增强改革的系统性、整体性、协同性，发挥市场在文化资源配置中的积极作用，激发文化工作者和全社会文化创造热情，推动文化事业文化产业繁荣发展，提供更多更好的优秀文化产品和文化服务，才能更好地满足全面建成小康社会伟大进程中人民群众日益增长的精神文化需求，才能更好地适应全面深化改革伟大事业中使各方面制度更加成熟更加定型的时代要求，才能更好地形成有利于创新创造的文化发展环境。要看到，前一阶段文化体制改革成效明显但成果还不稳固，一些制约文化科学发展的深层次矛盾和问题还没有完全破题，文化创新环境还有待进一步优化。必须按照中央全面深化改革的部署和要求，拿出更大的勇气和智慧，推进文化体制机制创新，确立新目标、规划路线图、实施新举措，进一步解放和发展文化生产力，为社会主义文化强国建设打下更加坚实的基础。

一、完善文化管理体制

创新文化管理体制，是加强和改进党对意识形态工作领导的内在要求，是行政管理体制改革的重要方面，也是深化文化体制改革的重点任务。必须牢牢把握正确方向，建立健全党委领导、政府管理、行业自律、社会监督、企事业单位依法运营的文化管理体制，切实提高文化领域管理效能和服务水平。

（一）加快转变文化行政管理部门职能。转变政府职能，形成科学的宏观调控和有效的政府治理，是文化管理体制改革的基本要求和重要任务。要按照政企分开、政事分开原则，推动政府部门由办文化向管文化转变，推动党政部门与其所属的文化企事业单位进一步理顺关系，不断强化政策调节、市场监管、社会管理、公共服务职能。转变政府职能，需要统筹“放”和“管”的关系，做到简政放权和加强监管齐推进、相协调。创新文化行政管理方式，善于综合运用法律、行政、经济、科技等多种管理手段，加快文化立法，加强行业自律，做到科学管理、依法管理、有效管理。

（二）健全国有文化资产管理体制。国有文化资产是重要的宣传文化资源，是推动社会主义文化大发展大繁荣的重要基础和保障。加强国有文化资产管理既是政府部门的事情、又是党委的重要工作，既要保证国有文化资产保值增值、又要保证文化企业正确导向。要认真总结实践经验，建立党委和政府监管国有文化资产的管理机构，实行管人管事管资产管导向相统一。充分考虑宣传文化工作自身特点和管理需求，认真落实谁主管谁负责和属地管理原则，探索建立主管主办制度与现代企业出资人制度有机衔接的工作机制。坚持党管意识形态不动摇，始终确保党对国有文化单位重大事项的决策权、资产配置的控制权、宣传业务的终审权、主要领导干部的任免权。

（三）完善互联网管理体制和工作机制。随着现代信息技术的日新月异，互联网迅速发展、广泛普及，日益大众化、媒体化，对加强和改进互联网管理提出迫切要求。要创新管理思路，统筹各方力量，认真贯彻积极利用、科学发展、依法管理、确保安全的方针，进一步健全基础管理、内容管理、行业管理以及网络违法犯罪防范和打击等工作联动机制，加快形成法律规范、行政监管、行业自律、技术保障、公众监督、社会教育相结合的互联网管理体系。加强和改进网络文化建设和管理，加强网上舆论引导，实施网络内容建设工程，加强网络法制建设，健全网络突发事件处置机制，形成正面引导与依法管理相结合的网络舆论工作格局。加大依法治网力度，加强对网上有害信息、网络谣言的整治，推进网络依法规范有序运行，使网络空间更加清朗起来。完善互联网管理领导体制，确保国家网络和信息安全。

（四）进一步规范传播秩序。巩固发展健康向上的主流舆论是宣传思想文化工作的基本职责，加强舆论引导、规范传播秩序是完善文化管理体制的重要任务。要健全坚持正确舆论导向的体制机制。整合新闻媒体资源，加大国家扶持力度，做强主流媒体，壮大主流声音。适应多媒体融合发展的新趋势，以党报党刊、电台电视台为主，推动传统媒体和新兴媒体融合发展。推动新闻发布制度化，构建多层次、专业化的新闻发布平台。严格新闻工作者职业资格制度，加强职业道德和业务知识培训，确保新闻工作者真实准确传播新闻信息，坚决杜绝虚假新闻、新闻敲诈等行为。

二、建立健全现代文化市场体系

随着社会主义市场经济体制的不断完善，文化繁荣发展越来越离不开市场，越来越需要发挥市场在文化资源配置中的积极作用。必须加快构建统一开放竞争有序的现代文化市场体系，进一步打破文化市场条块分割、地区封锁、城乡分离的传统格局，完善文化市场准入和退出机制，鼓励各类市场主体公平竞争、优胜劣汰，促进文化资源在全国范围内流动。

（一）加快培育合格文化市场主体。经营性文化单位转制为企业只是培育合格市场主体的第一步，其发展活力和竞争力如何，还要看其内部治理结构和经营管理水平。要以培育合格文化市场主体为目标，继续推进经营性文化单位转企改制，深化拓展出版、发行、影视、演艺等领域改革成果，完善法人治理结构，加快公司制、股份制改造，形成符合现代企业制度要求、体现文化企业特点的资产组织形式和经营管理模式，切实提高导向把控、资本运作和市场经营能力。对按规定转制的重要国有传媒企业，开展探索实行特殊管理股制度的试点，使国有资本始终保有最大的决策权和控制权。把转企改制与资源整合、结构调整、做大做强结合起来，鼓励有实力的文化企业跨地区、跨行业、跨所有制兼并重组，使之尽快成为文化产业发展的中坚力量和文化领域的战略投资者，切实提高文化产业规模化、集约化、专业化水平。

（二）鼓励非公有制文化企业发展。加快发展文化产业，必须毫不动摇地支持和壮大国有或国有控股文化企业，毫不动摇地鼓励和引导各种非公有制文化企业健康发展，进一步形成以公有制为主体、多种所有制共同发展的文化产业格局。要引导社会资本以多种形式投资文化产业，允许其参与对外出版、网络出版，允许以控股形式参与国有影视制作机构、文艺院团改制经营。加强和改进对非公有制文化企业的服务和管理，引导它们自觉履行社会责任。支持各种形式的小微文化企业发展，加大财税扶持，缓解融资难题，为其加快发展创造良好环境。在坚持出版权、播出权特许经营前提下，允许制作和出版、制作和播出分开。

（三）建立多层次文化产品和要素市场。文化产品和要素市场是现代文化市场体系顺畅运行的基础条件。要重点发展图书、电子音像制品、演出娱乐、影视剧、动漫游戏等产品市场，加快培育产权、版权、技术、信息等要素市场，进一步完善中国国际文化产业博览交易会等综合交易平台。大力发展连锁经营、物流配送、电子商务等现代流通组织和流通形式，加快建设大型文化流通企业和文化产品物流基地。鼓励金融资本、社会资本、文化资源相结合，创新投融资体制，支持国有文化企业面向资本市场融资，办好重点文化产权交易所，完善文化无形资产评估，健全文化中介机构。

（四）完善文化经济政策。文化经济政策是文化宏观管理的重要手段，也是文化繁荣发展的有力保障，对文化产业和文化市场具有重要的扶持、激励和引导、调控作用。要对当前行之有效的文化经济政策进行延续和规范，对不适应实际需要的原有政策及时进行修订和完善，探索推动文化经济政策创新，进一步形成文化领域宏观调控目标和政策手段的机制化。提高文化支出占财政支出的比例，扩大政府文化资助和文化采购。继续执行文化体制改革配套政策，对转企改制国有文化单位扶持政策执行期限再延长五年。健全文化产品评价体系，改革评奖制度，充分发挥评奖在文化产品创作生产中的示范、导向和激励作用。加强版权保护，鼓励文化原创，加大对拥有自主知识产权、弘扬民族优秀文化的产业支持力度，打造知名品牌，推出更多文化精品。

三、构建现代公共文化服务体系

加强公共文化服务是实现人民基本文化权益的主要途径。必须坚持政府主导，按照标准化、均等化的要求，加强文化基础设施建设，完善公共文化服务网络，构建覆盖城乡、结构合理、功能健全、实用高效的公共文化服务体系，让群众广泛享有免费或优惠的基本公共文化服务。

（一）**统筹公共文化服务设施网络建设**。公共文化服务体系建设涉及面广、各地情况千差万别，需要加强统筹、科学规划、整体推进、提高效益。要建立公共文化服务体系建设协调机制，研究和协调解决有关重大问题，推动各有关部门各负其责、形成合力。统筹市、区、街道（社区）和县、乡、村这两个三级公共文化设施建设，整合基层宣传文化、党员教育、科学普及、体育健身等设施，推动建设综合性文化服务中心，实现资源整合、共建共享，发挥好公共文化设施的综合利用水平和最大服务效益。

（二）**促进基本公共文化服务标准化、均等化**。基本公共服务标准化、均等化，是实现城乡文化一体化发展的内在要求。要以保障人民群众看电视、听广播、读书看报、进行公共文化鉴赏、参与公共文化活动等基本文化权益为主要内容，明确适合、适应、适当的服务标准，制定和实施基本公共文化服务指标体系和绩效考核办法，做到扩大覆盖、消除盲点、完善服务、改进管理。建立群众评价和反馈机制，推行“菜单式”服务，变“我给你接”为“你需我送”，推动文化惠民项目与群众文化需求有效对接，真正把公共文化服务的选择权和评价权交给群众。按照反弹琵琶的思路，加快推进贫困地区公共文化服务体系建设，加大对革命老区、民族地区、边疆地区、贫困地区文化服务网络建设支持和帮扶力度，形成文化服务均等享受、文化发展同步推进的城乡文化一体化发展格局。

（三）**深化公益性文化事业单位改革**。公益性文化事业单位是构建现代公共文化服务体系的骨干力量。要按照国家分类推进事业单位改革的总体要求，明确不同文化事业单位功能定位，深化公益性文化事业单位内部改革，完善绩效考核机制，突出公益属性、强化服务功能、增强发展活力。探索建立文化事业单位法人治理结构，推动公共图书馆、博物馆、文化馆、科技馆等组建理事会，吸纳有关方面代表、专业人士、各界群众参与管理，创新运行机制。

（四）**推动公共文化服务社会化发展**。引入公共文化服务竞争机制是提高服务效能的内在要求。要加大政府购买服务力度，鼓励有条件的地方进行项目外包和设施委托管理。引导和鼓励社会力量通过兴办实体、资助项目、赞助活动、提供设施等形式参与公共文化服务，培育文化非营利组织，形成以政府为主、社会力量积极参与的公共文化服务投入机制。建立完善公共文化设施长期免费开放的保障机制，为丰富群众文化生活创造便利条件、提供多样化平台。

四、提高文化开放水平

扩大文化领域对外开放，是推动中华文化走出去、提升国家文化软实力的迫切需要，也是吸收各国优秀文明成果、促进文化繁荣发展的必然选择。必须坚持政府主导、企业主体、市场运作、社会参与，统筹用好国际国内两个市场、两种资源，统筹推进文化交流、文化传播、文化贸易，着力构建全方位、多层次、宽领域的文化对外开放格局，推动中华文化走向世界。

（一）扩大对外文化交流。对外文化交流是推动文化走出去的有效手段。要深化政府间文化交流，进一步丰富交流渠道，整合交流平台。要构建人文交流机制，把政府交流和民间交流结合起来，鼓励社会组织、中资机构等参与孔子学院和海外中国文化中心建设，承担人文交流项目，鼓励代表国家水平的各类学术团体、艺术机构在相应国际组织中发挥建设性作用，鼓励海外侨胞积极开展中外人文交流。创新交流方式，通过教育培训、语言推广、学术交流、研究资助、文体活动、观光考察等，构建交流网络，提高交流效果。

（二）扩大对外文化贸易。以贸易和投资形式推动文化走出去，更可持续、效果更好。要积极探索市场化、商业化、产业化的运作方式，培育外向型文化企业，支持文化企业到境外开拓市场，鼓励其与国外知名文化机构的合资合作，鼓励有条件的企业在海外设立分支机构、进行战略投资，推动我国文化产品进入海外主流社会。积极探索符合国际惯例和市场运作规律的营销方式，加强国际文化产品交易平台和国际营销网络建设。充分考虑各国文化传统、宗教信仰、审美标准，贴近国外受众文化需求和消费习惯，推出更多具有中国特色、中国风格、中国气派的文化精品。组织实施中国当代作品翻译工程，为文化走出去搭建翻译平台、提供翻译资助，使我们的优秀文化产品能够展示出独特魅力。

（三）提高国际传播能力。加强国际传播能力和对外话语体系建设，提升国际舆论话语权，是增强国家文化软实力的重要内容，是传播中国声音、塑造国家形象、维护国家利益的迫切需要。要加快构建技术先进、传输快捷、覆盖广泛的现代传播体系，加快形成独具中国特色、能与国际交流的对外话语体系。理顺内宣外宣体制，支持重点媒体面向国内国际发展，提高新闻信息原创率、首发率、落地率。创新对外宣传传播方法，妥善回应外部关切，增进国际社会对我国基本国情、价值观念、发展道路、内外政策的了解和认识，不断增强说服力和认可度。

（四）积极吸收借鉴国外一切优秀文化成果。坚持以我为主、为我所用，学习借鉴一切有利于加强我国社会主义文化建设的有益经验、一切有利于丰富我国人民文化生活的积极成果、一切有利于发展我国文化事业文化产业的经营管理理念和机制。加强文化领域人才、技术、经营管理经验的引进和利用工作，吸收外资进入法律法规许可的文化产业领域。鼓励外资企业在华进行文化科技研发，发展服务外包。完善文化领域准入政策，强化文化市场监管，确保意识形态安全和国家文化安全。

文化体制改革既与经济体制改革紧密相联，又与政治体制、社会体制改革密切相关，政治性、政策性很强，涉及领域和范围很广。必须始终坚持社会主义先进文化前进方向，坚持中国特色社会主义文化发展道路，牢牢把握党管意识形态、党管干部、党管导向的基本原则，妥善处理好意识形态属性和产业属性、社会效益与经济效益的关系，无论改什么、怎么改，导向不能改，阵地不能丢。抓紧制定出台深化文化体制改革实施方案，明确任务要求，强化组织领导，完善政策保障，推动文化改革发展迈出新步伐、登上新台阶。

建立健全现代文化市场体系

国家新闻出版广电总局党组书记、副局长
蒋建国

《中共中央关于全面深化改革若干重大问题的决定》（以下简称《决定》）把建立健全现代文化市场体系，作为紧紧围绕建设社会主义核心价值体系、社会主义文化强国深化文化体制改革的一项重要任务，做出了重大部署。

随着社会主义市场经济体制不断完善，无论是文化资源配置，还是文化产品生产、传播和消费，都越来越离不开市场。构建统一开放竞争有序的现代文化市场体系，成为在社会主义市场经济条件下文化改革发展的重要内容和决定性因素。党的十六大以来，中央高度重视现代文化市场体系建设，大力推进文化资源与市场对接，文化产业多元化投资格局开始形成，现代文化产品流通组织形式初具规模，资本、产权、版权、人才、技术、信息等文化生产要素市场加快发展，条块分割、地区封锁、城乡分离的传统文化市场格局初步打破，市场在文化资源配置中的积极作用开始凸显。但是，与社会主义文化大发展大繁荣要求相比，现代文化市场体系建设整体水平还不高，文化产品和要素市场发育还不完善，文化产品流通和服务渠道还不畅通，文化消费潜力还未充分激发出来。习近平总书记指出："改革开放永无止境，只有进行时没有完成时"，"应对当前我国发展面临的一系列矛盾和挑战，关键在于全面深化改革。"按照党的十八大部署扎实推进社会主义文化强国建设，关键在于全面深化文化体制改革，打破按部门、按行政区划、按行政级次分配文化资源的传统体制，加快构建统一开放竞争有序的现代文化市场体系。

《决定》准确把握文化改革发展新阶段新形势新要求，准确把握文化市场体系建设内在规律和客观实际，着眼于建立健全文化资本、文化企业、文化产品市场准入和退出机制，鼓励各类市场主体公平竞争、优胜劣汰，促进文化资源在全国范围内合理流动，强调从增强文化市场主体竞争力、鼓励非公有制文化企业发展、建立多层次文化产品和要素市场、创新现代文化市场体系政策环境等方面，建立健全现代文化市场体系。这充分体现了我们党站在新的历史起点上对文化体制改革的战略思考和科学谋划，体现了我国文化发展的必然趋势和时代要求。我们要按照《决定》部署，以逢山开路、遇河搭桥的精神，攻克深层次的体制机制障碍，建立健全现代文化市场体系，充分发挥市场在文化资源配置中的积极作用，以激发全民族文化创造活力，推动社会主义文化大发展大繁荣，为实现中华民族伟大复兴的中国梦提供强大文化力量。

一、增强文化市场主体竞争力

文化企业是文化市场的主体。推动国有经营性文化单位转企改制，保持和发挥国有文化企业在市场中的主体地位和主导作用，是建立健全现代文化市场体系的核心。党的十六大以来，我们按照中央部署推进文化体制改革，基本完成了出版、影视制作、发行、广电传输和一般国有文艺院团、首批非时政类报刊出版单位等国有经营性文化单位转企改制，重塑了一批新型市场主体，显著增强了国有文化企业的活力、实力和竞争力。按照《决定》关于深化文化体制改革部署，必须继续推进国有经营性文化单位转企改制，加快公司制、股份制改造，推动文化企业跨地区、跨行业、跨所有制兼并重组，提高文化产业规模化、集约化、专业化水平。

继续推进国有经营性文化单位转企改制。深化国有经营性文化单位转企改制，是培育文化市场主体的关键。要以加快建立产权清晰、权责明确、政企分开、管理科学的现代企业制度为重点，按照创新体制、转换机制、面向市场、壮大实力的要求，拓展出版、发行、影视、一般国有文艺院团改革成果，推动已转制文化企业完善法人治理结构，形成符合现代企业制度要求、体现文化企业特点的资产组织形式和经营管理模式，不断提高国有文化企业自主经营、自我创新水平，增强面向市场、参与竞争能力。把转企改制与推动报刊资源整合、报刊结构调整、治散治滥结合起来，建立健全报刊准入和退出机制，继续稳步推进非时政类报刊出版单位改革。积极推进重点新闻网站转企改制，借鉴商业网站经营方式，不断提高竞争力、增强影响力。

加快国有文化企业股份制改造。股份制是国有文化企业改革的方向和必由之路。要坚持以股份制改造为核心，加快推进国有文化企业产权制度改革。创新投融资体制，支持符合条件的国有文化企业上市融资，吸引社会资本参与股份制改造。鼓励国有文化企业进行股权创新，推进国有上市文化企业优化股权结构，对按规定转制的重要国有传媒企业探索实行特殊管理股制度，以吸引更多文化领域战略投资者。依据宪法和有关法律，制定相关规定，明确实行特殊管理股制度的适用范围、行使主体和配套机制，以确保国家文化安全和公众利益。

推动文化企业跨地区、跨行业、跨所有制兼并重组。以国有骨干文化企业为主体，主导和引领文化市场，是发展社会主义先进文化的根本要求。要把国有经营性文化单位转企改制与资源整合、结构调整结合起来，打破区域限制和行业壁垒，鼓励有实力的国有骨干文化企业以资本为纽带，实行跨地区、跨行业、跨所有制兼并重组，推动文化资源和要素向优质文化企业、优势文化产业集聚。选择大批主业突出、拥有自主知识产权和文化创新能力、核心竞争力强、成长性好的综合性文化企业集团，加大政策、资源、项目、资金等方面扶持力度，尽快做大做优做强，增强控制力和影响力，使之成为文化市场的主导力量。

二、鼓励非公有制文化企业发展

非公有制经济作为我国社会主义市场经济的重要组成部分，与公有制经济一样都是我国经济社会发展的重要基础，在文化建设中发挥着重要作用。党的十六大以来，我们鼓励和引导社会资本进入文化产业，初步形成了以公有制为主体、多种所有制共同发展的文化产业格局。但是，非公有制文化企业在投资经营中还受到许多不合理限制，难以与国有文化企业平等使用生产要素。按照《决定》关于深化文化体制改革部署，必须在充分发挥国有文化企业主导作用的同时，鼓励非公有制文化企业发展，支持各种形式小微文化企业发展，构建开放多元化的文化市场发展格局。

降低社会资本进入门槛。繁荣发展文化市场，离不开多元投资主体。吸引更多社会资本进入文化领域，才能更好地释放文化市场能量。要在已放宽社会资本准入的基础上，进一步降低门槛，减少不合理的准入限制，在国家许可范围内，引导社会资本以多种形式投资文化产业，参与国有经营性文化单位转企改制，以技术、品牌、知识产权等生产要素作价参股，或采取投资、控股、收购、兼并、承包、租赁、托管等形式参与国有文化企业重组，参与重大文化产业项目实施和文化产业园区建设，并在投资核准、信用贷款、土地使用、税收优惠、上市融资、发行债券、对外贸易和申请专项资金等方面，给予与国有资本投资同等支持，努力构建政府主导下的多元化投资格局。

扩大非公有制文化企业准入领域。非公有制文化企业在资本运作、技术运用、生产管理、市场营销等方面的独特优势，可以为文化市场注入新鲜血液。要允许非公有制文化企业参与对外出版、网络出版，允许以控股形式参与国有影视制作机构、文艺院团改制经营，进入文艺表演团体、演出场所、博物馆、展览馆、文化艺术中介、旅游文化服务、艺术品经营、互联网上网服务营业场所、动漫和网络游戏、电影院和电影院线及出版物分销等领域，并享受与国有文化企业同等待遇，切实发挥好、引导好、保护好非公有制文化企业积极性。加强和改进对非公有制文化企业服务和管理，引导投资方向，抑制无序竞争，促进其自觉履行社会责任。

支持各种形式小微文化企业发展。大力发展小微文化企业，有利于进一步解放和发展文化生产力，激发全民创业热情和文化创造活力，活跃文化市场。要采取有效措施，扶持小微文化企业充分发挥在调整产业结构、扩大内需、增加就业等方面的积极作用，多元化多渠道为广大群众提供丰富多彩的文化产品和服务。鼓励小微文化企业走“专、精、特、新”路子，重点支持有核心竞争力和发展潜力的小微文化企业进入创业板上市融资，逐步做大做强。

三、建立多层次文化产品和要素市场

多层次文化产品和要素市场，是现代文化市场体系有机组成部分。随着社会主义市场经济深入发展，文化产品和要素市场初步形成，但目前文化产品和服务的供需矛盾仍然突出，文化要素流动仍然不畅，文化产品和要素市场建设仍需进一步加强。按照《决定》关于深化文化体制改革部署，必须建立多层次文化产品和要素市场，大力推动金融资本、社会资本、文化资源相结合。

加强文化产品市场建设。不断丰富文化产品市场，是建立健全现代文化市场体系的重点。要在坚持出版权、播出权特许经营前提下，允许制作和出版、制作和播出分开，鼓励文化企业不断丰富和创新文化产品和服务。发展图书报刊、电子音像制品、演出娱乐、电影电视剧、动漫游戏等传统文化产品市场，建设以网络为载体的新兴文化产品市场，培育大众性文化消费市场，开拓农村文化市场。继续打造综合性、专项性、区域性文化产品和服务交易平台，拓展文化产品和服务消费领域。发展连锁经营、物流配送、电子商务等现代流通组织和流通形式，加快建设一批大型现代文化流通企业和若干国家级文化产品物流基地，鼓励文化企业利用电子商务等先进物流技术开展第三方物流服务，构建以大城市为中心、中小城市相配套、贯通城乡的文化产品流通网络，努力实现文化产品低成本、高效率流通和配送。

加强文化生产要素市场建设。文化生产所必需的要素交易市场，是文化市场发展的基础性条件。要有序发展文化产权、版权、人才、技术、信息等要素市场，建立健全文化资产评估体系和文化产权交易体系，发展以版权交易为核心的各类文化资产交易市场。推进文化资本市场建设，促进金融资本、社会资本与文化资源有效对接，充分利用国内外多层次资本市场解决文化企业融资难问题。推进文化产权市场建设，加快制定完善著作权、企业品牌等无形资产评估、登记、质押、投资、托管、流转、变现等管理办法，鼓励和支持文化企业依法进行股权、版权、商标、品牌等方面的交易。

加强文化行业组织和中介机构建设。文化行业组织和中介机构是政府联系市场主体的桥梁，充分发挥其提供服务、反映诉求、规范行为的作用，是建立健全现代文化市场体系的重要条件。要坚持培育发展和管理监督并重，加强各类文化行业协会等行业组织建设，健全行业规范，完善行业管理，更好地履行协调、监督、服务、维权等职能。积极发展版权代理、文化经纪、评估鉴定、技术交易、推介咨询、投资保险、担保拍卖等各类文化市场中介服务机构，制定和完善文化中介机构管理办法，引导其规范运作，为各类文化市场主体提供全方位服务。

四、创新现代文化市场体系建设的政策环境

建立健全现代文化市场体系是一项系统工程，必须坚持政府主导，尊重市场经济规律和文化发展规律，积极发挥政策在宏观调控、市场监管和制度建设等方面作用，为各类文化市场主体提供公平竞争的外部环境。近年来，我们积极推进文化行政管理部门切实履行政策调节、市场监管、社会管理、公共服务等职能，出台一系列政策措施，为繁荣发展文化市场提供了重要保障。按照《决定》关于深化文化体制改革部署，必须进一步转变政府职能，完善文化经济政策，扩大政府文化资助和文化采购，加强版权保护，健全文化产品评价体系，改革评奖制度，推出更多文化精品。

完善文化经济政策。政策的完善程度，直接关系现代文化市场体系建设的推进力度和实际成效。现代文化市场体系建设越是深入推进，越需要不断完善文化经济政策、充分发挥政策杠杆作用。要加大财政、税收、金融、社会保障、土地使用等方面对文化产业的政策扶持力度，保证公共财政对文化建设的投入，提高文化支出占财政支出比例。改进政府支持文化产业的方式，扩大有关文化基金和专项资金规模，重点扶持文化创新和精品生产、具有示范性和导向性文化产业项目研发，以财政资金引导和带动更多社会资本投入文化产业。研究和改进政府采购公共文化产品和服务办法，逐步建立公共文化服务政府采购制度，实行多种形式文化产品和服务的政府采购。继续执行和逐步完善文化体制改革的配套政策，贯彻落实和逐步完善人员分流安置、人才使用培训、技术创新应用等方面的鼓励政策，大力优化有利于文化市场发展的政策环境。

加强版权保护。建立健全现代文化市场体系，离不开有力的知识产权保护和有效的市场监管。要加快文化立法，依法加强文化市场管理，综合运用法律、行政、经济、科技等手段提高管理水平。加大知识产权保护力度，支持文化产品和服务的专利申请、商标注册、版权登记，依法惩处盗版、非法出版、非法营销等侵犯知识产权的行为，维护著作权人合法权益。严格执行文化市场准入和退出机制，建立健全质量认证体系，完善相关登记备案和年检制度，最大限度地减少不合格文化产品进入市场。深入开展“扫黄打非”，健全文化市场综合执法机构，理顺互联网管理体制，尽快形成依法经营、违法必究、公平交易、诚实守信的文化市场秩序。

健全文化产品评价体系。优秀文化产品的大量涌现，是繁荣文化市场的根本前提。近年来，我国文化产品创作生产数量不断丰富、质量不断提升，但文化精品仍然不多。要加强对文化产品创作生产的引导，全面贯彻“二为”方向和“双百”方针，牢固树立以人民为中心的工作导向，推出更好更多精神食粮。健全文化产品评价体系，坚持把弘扬社会主义核心价值体系、坚持社会主义先进文化前进方向、人民群众满意作为评价作品最高标准，把群众评价、专家评价、市场检验统一起来，形成科学的评价标准，不断提高对文化作品评判的导向性、权威性、公信度。改革评奖制度，精简评奖种类，建立公开、公平、公正的评奖机制，充分发挥引导示范作用。科学制定文化企事业单位的考评标准，坚持把社会效益放在首位，统筹社会效益与经济效益、导向要求与利润指标，推动建立有利于出精品、出人才、出效益的体制机制，努力实现社会效益最大化和经济效益最优化。

提高文化开放水平

中共中央宣传部副部长
王晓晖

党的十八届三中全会通过的《中共中央关于全面深化改革若干重大问题的决定》（以下简称《决定》），从全面建成小康社会、实现中华民族伟大复兴中国梦的全局出发，把提高文化开放水平作为全面深化改革开放的重大任务，作出一系列战略部署。这反映了我们党高度的文化自信和崇高的文化追求，反映了我们党对文化建设规律的深刻认识和全面把握。我们要认真学习贯彻《决定》精神，顺应时代发展潮流，增强文化开放意识，努力在新的广度和深度上提升我国文化开放水平。

一、充分认识提高文化开放水平的重大意义

在全方位开放的时代条件下，只有开放，文化的力量才能更强大；也只有开放，文化的影响才能更广泛。改革开放特别是党的十六大以来，我们党始终高度重视推动文化开放，作出了一系列重大决策，采取了一系列战略举措。党的十六大强调要立足改革开放和现代化建设的实践，着眼于世界文化发展的前沿，发扬民族文化的优秀传统，吸取世界各民族的长处；党的十六届五中全会进一步提出要积极开拓国际文化市场，推动中华文化走向世界。党的十七大强调要加强对外文化交流，吸收各国优秀文明成果，增强中华文化国际影响力；党的十七届六中全会明确提出要提高文化开放水平。党的十八大强调要扩大文化领域对外开放，积极吸收借鉴国外优秀文化成果。这次《决定》又专门对提高文化开放水平作出部署，提出明确要求。这些重要论述和决策部署，从战略全局上指明了新形势下文化开放的目标方向，深刻揭示了提高文化开放水平的重大意义。

提高文化开放水平是推动文化大发展大繁荣、建设社会主义文化强国的必然要求。三十多年来，我们坚持对外开放，打开国门搞建设，包括文化建设在内的各方面建设都取得了巨大成就。可以说，没有对外开放，就没有当代中国的发展进步；没有对外开放，也就没有当代中国文化的繁荣发展。现在，我国文化建设已经站在了一个新的起点上，正朝着社会主义文化强国目标迈进。实现这个目标，要求我们树立宽广的世界眼光，高扬自己的文化理想，坚定不移地走对外开放之路，在不断扩大对外开放中实现文化新跨越、创造文化新辉煌。

提高文化开放水平是增强我国文化软实力、在综合国力竞争中赢得主动的迫切需要。当今世界，文化已经成为国家核心竞争力的重要因素，在综合国力竞争中的地位和作用日益凸显。谁占据了文化发展的制高点，谁拥有了强大的文化软实力，谁就能够在激烈的国际竞争中赢得主动。现在，越来越多的国家把提高文化软实力作为重要发展战略，千方百计壮大本国文化的整体实力和竞争力。我们要在新的国际竞争中立于不败之地，必须勇于面向世界，把对外开放作为文化发展的强大动力，尽快形成与我国经济社会发展水平和国际地位相适应的文化软实力。

提高文化开放水平是推动中华文化走向世界、扩大我国文化国际影响力的战略选择。中华文化积淀着中华民族最深沉的精神追求，包含着中华民族最根本的精神基因，代表着中华民族独特的精神标识，为中华民族发展壮大提供了强大精神力量，为人类文明进步作出了不可磨灭的重大贡献。伴随着我国国际地位的提升，世界更加关注中国，也更加关注中国文化。作为发展中的大国，中国的发展不可避免地会在世界范围内产生广泛而深刻的文化效应，这为扩大中华文化影响提供了重要机遇。我们必须抓住这一有利契机，积极实施文化走出去战略，坚持政府主导、企业主体、市场运作、社会参与，大力推动中华文化走向世界，充分展示中华文化的独特魅力。

二、全面扩大对外文化交流

文化是不同国家和民族沟通心灵和情感的桥梁纽带，文化交流是增进各国人民友谊、推动国家关系发展的重要途径。目前，我国同世界上160多个国家和地区建立了文化交流机制，与149个国家签订了政府间文化合作协定，与97个国家签订了800多个年度文化交流执行计划，与近千个国际文化组织和机构进行文化交往。对外文化交流的广泛开展，向世界展示了我国改革开放的崭新形象和中国人民昂扬向上的精神风貌，拉近了中国人民和世界人民的心灵距离，为促进文化相互借鉴、维护文化多样性发挥了重要作用。面对世界范围内各种思想文化交流、交融、交锋日益加深的新形势，必须认真总结实践经验，全面扩大对外文化交流，建立健全多渠道多形式多层次的对外文化交流体系，更好地发挥以文化人、以文促情、以文建信的重要作用。

全面扩大对外文化交流，必须加强总体规划和统筹协调，进一步凝聚各方面力量，发挥各方面积极性。要把政府交流与民间交流结合起来，把组织双边交流与组织多边交流结合起来，把调动国内力量与借助国外力量结合起来，拓展广度、增进深度，形成对外文化交流的强大合力和整体效应。要进一步拓宽渠道和途径，构建人文交流机制，鼓励社会组织、中资机构参与孔子学院和海外中国文化中心建设、承担人文交流项目，鼓励代表国家水平的各类学术团体、艺术机构在相应国际组织中发挥建设性作用，发挥非公有制文化企业、文化非营利机构在对外文化交流中的作用，支持海外侨胞积极开展中外人文交流，扩大对外文化交流的参与面。文化交流重在情感的交流、心灵的沟通，必须立足我国发展的战略全局，往深里做、往心里做。要探索把握文化交流的特点和规律，深入研究中国的现实情况和国际社会的实际需要，抓住国外受众的关注点、兴趣点，抓住具有普遍感召力的话题，抓住最佳交流时机，精心策划对外文化交流项目，精心组织中国文化年、旅游年等大型对外文化活动，加强青少年的文化交流，努力取得更好效果、产生更大影响。

三、进一步改进对外宣传

现在，中国同世界的关系发生了历史性变化，中国需要更多地了解世界，世界也需要更多地了解中国。做好新形势下对外宣传工作，对于引导人们更加全面客观地认识当代中国、看待外部世界，对于树立国家形象、维护国家根本利益，至关重要。随着我国对外开放的不断扩大，国内舆论与国际舆论相互影响的程度越来越深，对内宣传和对外宣传的界限越来越难以划分，迫切要求我们在做好对内宣传的同时，进一步改进对外宣传、提高对外宣传水平。要坚持统筹国内国际两个大局，统筹对内宣传和对外宣传，理顺内宣和外宣体制，加快构建大外宣格局，更加深入地宣传我政策主张，更加有效地影响国际舆论，更加有针对性地开展国际舆论斗争，为我国改革建设营造良好国际舆论环境。

改进对外宣传，必须适应国外受众需求的变化，着力提高针对性实效性和吸引力感染力。要坚持贴近中国和世界发展的实际、贴近世界各国对中国信息的需求、贴近国外受众的思维习惯，把握规律、讲究艺术，以现代化和国际通用手段创新对外宣传方式，不断增强对外宣传的实际效果。要坚持“内外有别”“外外有别”，针对国外受众的不同需求，用他们喜欢接受的方式，谈他们关注的话题，讲他们听得懂的语言，防止概念化、程式化，避免对内报道简单对外转化。对外宣传是面向世界、高度国际化的工作，必须善于借用外力外脑。要扩大视野、开阔思路，团结一切可以团结的力量，利用一切可以利用的资源，下功夫做好国外知名媒体、机构组织和友好人士的工作，增进理解和信任，更好地借助他们的力量传播我们的声音。互联网具有天然落地、传播快捷、覆盖面广的特点，利用互联网开展对外宣传，可以突破传统外宣手段的局限。要适应外宣工作需要，提高运用现代传播技术的能力，打造对外宣传新平台，拓展网络外宣新渠道，努力在国际网络舆论场上放大中国声音。

四、不断加强国际传播能力建设

传播力决定影响力。文化的影响不仅取决于内容是否具有独特魅力，而且取决于是否具有先进的传播手段和强大的传播能力。在信息技术高度发达的今天，信息传递和获取越来越快捷，谁的传播手段先进、传播能力强大，谁的文化理念和价值观念就能广为流传。近年来，我国国际传播能力建设取得积极进展和明显成效，但总体上还处在起步阶段，同发达国家相比还有很大差距。必须立足新形势新要求，深入推进国际传播能力建设，加快形成与我国经济社会发展水平和国际地位相称的国际传播能力。

媒体在国际传播中发挥着主体作用，是国际传播能力建设的重中之重，要坚持传统媒体与新兴媒体并举、软件建设和硬件建设并重，支持重点媒体面向国内国际发展，着力打造语种多、受众广、信息量大、影响力强、覆盖全球的国际一流媒体，提高新闻信息原创率、首发率、落地率。国际传播本土化是提升国际传播效能的重要途径，日益成为全球传媒业变革发展的重要趋势。要遵循文化发展规律和国际传播规律，大力推进国际传播本土化，善于利用对象国的传播条件、人才资源和游戏规则，善于运用市场化、商业化等方式，“借船出海”“造船出海”，以更加灵活多样的手段实现海外广泛覆盖、有效传播。话语权决定主动权。谁的话语吸引力强、可信度高、影响力大，谁就能占据主导、赢得人心。要加强国际话语体系建设，着力打造融通中外的新概念新范畴新表述，形成富有吸引力和感染力的中国话语，讲好中国故事、传播好中国声音、阐释好中国特色。

五、大力发展对外文化贸易

发展对外文化贸易，对于拓展我国文化发展空间，培育我国文化优势，维护我国文化利益，具有十分重要的作用。近些年来，我国对外文化贸易的规模不断扩大、逆差逐步减少，文化出口产品和服务的国际竞争力明显提升。据统计，我国核心文化产品出口额由 2003 年的 56 亿美元，增至 2012 年的 259 亿美元，图书版权进出口比例则由 9：1 降至 1.9：1。同时也要看到，对外文化贸易在我国对外贸易中的比重仍然偏低，目前我国文化产品出口额仅占货物贸易出口额的 1.26%，文化服务出口额仅占服务贸易出口额的 2.55%。总体来说，对外文化贸易仍是我国文化建设的一个薄弱环节，是整个对外贸易的一块短板，与我们文明古国的地位和建设社会主义文化强国的目标要求还不相称，与我们经济总量和贸易规模世界第二的地位还不相称。必须树立全球视野，加强战略谋划，统筹国际国内两个市场两种资源，统筹政府推动和市场运作，创新思路、突出重点、强化措施，推动对外文化贸易上水平上台阶。

文化贸易不同于一般货物和服务贸易，在于不仅获取经济效益，实际上也是在传播一个国家的价值追求、制度理念。发展对外文化贸易，首先要注重内容，突出产品和服务的思想内涵和文化内核。要深入提炼民族传统文化的精髓，着力提升当代中国文化的内涵，真正把那些具有中国特色、中国风格、中国气派的优秀文化产品推向世界。要选好拳头产品，把优秀影视剧、图书作为文化贸易的前锋，加大推动力度，更好地带动其他文化产品和服务走出去。一个国家是否拥有一批外向型文化企业特别是文化航母，直接决定着该国在世界文化贸易体系中的地位。要进一步完善和落实政策措施，推动国有文化企业尽快做大做强，鼓励其他领域大型国有企业积极参与文化出口，支持非公有制文化企业到境外开拓市场，不断壮大对外文化贸易的主力军，努力形成以国有文化企业为主体、多种所有制企业共同参与的对外文化贸易新格局。文化的竞争力，既靠内容的吸引力、感染力，也靠品牌的知名度、美誉度。要深入挖掘民族文化资源，推动文化和科技深度融合，充分运用符合时代发展的文化表现形式，把传统元素与时尚元素结合起来，把民族特色与世界潮流结合起来，打造一批具有自主知识产权和核心竞争力的国际知名文化品牌，形成文化出口竞争新优势。要强化市场意识、营销意识，熟悉和掌握现代营销理念、市场规则，拓展文化出口的平台和渠道，着力推动我国文化产品和服务进入国外主流社会和主流人群。

六、积极吸收借鉴国外优秀文化成果

每一个国家和民族的文化都有自己的优势和长处，都以各自方式为世界文明作出贡献，都是人类共同的精神财富。只有吸收百家之精华，借鉴各种文化之所长，才能更好地促进本国文化发展；如果自我封闭、排斥外来，就会失去发展的活力，甚至走向消亡。中华文化胸襟博大、海纳百川，因兼收并蓄而丰富多彩，因博采众长而经久不衰。在日益开放的当今时代，更需要睁眼看世界，文化的繁荣发展更离不开同世界多种文明的对话和交流。要积极适应当今世界文化发展新趋势，着眼于中华文化的长远发展，以更加自信的心态、更加开阔的视野，吸纳百家优长、兼集八方精义，使中华文化不仅植根于民族优秀传统文化的沃土，而且符合世界发展进步的潮流。

任何一种文化都有其赖以生存的土壤，都有其发挥作用的条件。离开了一定的历史条件、社会环境，文化的价值和作用也必然发生变化。要坚持以我为主、为我所用，从我国文化发展的实际需要出发，对国外文化进行分析、鉴别，充分吸收借鉴一切有利于加强我国社会主义文化建设的有益经验、一切有利于丰富我国人民文化生活的积极成果、一切有利于发展我国文化事业和文化产业的经营管理理念和机制。任何外来的优秀文化，必须本土化才能真正起到作用。吸收借鉴国外文化，最重要的就是通过转化再造实现中国化。要结合中国的传统文化，结合中国的现实需要，结合中国人民的接受习惯，对国外优秀文化进行有效转化再造，使之在中国的土地上生根发芽、开花结果。

七、切实维护国家文化安全

文化安全是国家安全的重要组成部分。越是对外开放，越要重视维护国家文化安全。当前，随着世界多极化和经济全球化深入发展，国际思想文化领域日益复杂，各种思想文化交流交融交锋更加频繁，给我国文化安全带来新的挑战。一些西方敌对势力把社会主义中国的发展壮大视为对其价值观和制度模式的挑战，一刻也没有停止实施西化分化战略，加紧对我进行思想文化渗透。互联网正在成为渗透反渗透斗争的主战场，一些西方国家利用其掌握的互联网先发优势、话语优势、技术优势，鼓吹所谓的“网络自由”，推行政治霸权、文化霸权、数字霸权，企图把他们的价值观无障碍地渗透到中国。面对这样的情况，我们必须始终保持清醒头脑，牢固树立文化安全观念，增强主动性、掌握主动权、打好主动仗，积极应对和有效化解文化开放可能带来的风险和冲击，更好地维护国家文化安全。

现在，世界各国在谋求增强自身文化对外影响力的同时，越来越重视维护本国文化安全。一些西方国家在国际自由贸易中也提出“文化例外”原则，对本国文化实施特殊保护政策和制度。我们要立足我国的基本国情，立足我国文化传统和实际，学习借鉴国外的有益做法，着力构建国家文化安全体系。要坚守自己的文化理想、信念和原则，延续民族文化血脉，传承民族文化基因，巩固民族文化根基，始终保持中华文化的民族性、主体性。要增强防范意识，提高辨别能力，把好各种准入关口，筑牢思想防线，决不给腐朽思想文化提供传播空间和渠道。要切实管好用好互联网，积极占领和有效掌控网络思想文化阵地，坚决抵御和遏制网上攻击渗透，维护健康、安全、顺畅的网络信息传播秩序。

2014北京图书订货会
高层论坛演讲稿

改革创新　努力构建出版企业新格局

中国出版集团公司总裁
谭　跃

党的十八届三中全会为全面深化改革发出了动员令，也为深化文化体制改革发出了动员令。《决定》的第十一部分“推进文化体制机制创新”从四个方面总括了文化体制机制创新的路径，其他部分的内容也对如何深化国有文化企业改革进行了充分论述。初步学习后一个总体感觉就是，在十八届三中全会精神的指引下，中国出版业将迎来新一轮改革发展的大潮，迎来新一轮转型升级的浪潮，迎来下一个充满理想愿景、富有生机活力的“黄金十年”。具体来说，出版企业将在六个方面，构建新的产业发展格局。

一是构建内容生产新格局。《决定》提出，要坚持走中国特色新型城镇化道路，推进以人为核心的城镇化。2012 年我国的城镇化率是 52%，到 2020 年将达到 60% 左右，这当中有 8 个点的增长空间。城镇化的本质是市民化、知识化，这就意味着随着城市化进程的加快，将涌现出越来越多的新市民、新知人群。《管子》中说过一句话：“仓廪实而知礼节，衣食足而知荣辱。”它的意思就是，当经济发展到一定阶段，人们对文化的认同将越来越强烈，对文化的消费越来越旺盛。根据中国人民大学和文化部文化产业司联合发布的 2013 年中国文化消费指数调查数据测算，我国文化消费潜在规模为 4.7 万亿元，占居民消费总支出的 30%，而当前实际文化消费规模为 1.038 万亿元，仅占居民消费总支出的 6.6%，存在 3.662 万亿元的文化消费缺口。这说明我国文化消费远未达到供需平衡点，有着巨大的潜力空间。因此，在加快城镇化发展的历史进程中，出版业将面临一个新的文化消费“井喷期”，要进一步发挥政治导向、思想导向、文化导向的引领作用，生产更多贴近时代、贴近市场、贴近读者的文化精品，满足更多新市民、新知人群的阅读需求。

二是构建机制创新新格局。过去10年，国有经营性出版单位完成了转企改制工作，成为独立的竞争主体，迸发出新的市场活力。这只是第一步，与优秀的市场竞争主体相比，与国际知名出版传媒企业相比，还有相当大的距离。《决定》指出，要继续推进国有经营性文化单位转企改制，加快公司制、股份制改造，对按规定转制的重要国有传媒企业探索实行特殊管理股制度。这为进一步深化出版企业内部经营、管理、人事、资产、收入分配制度改革，提供了强大的政策动力，有利于冲破旧的思想藩篱和机制固化，进一步形成允公允能、德才并举的人才选拔机制，形成能上能下、能进能出的人才流动机制，形成激发动力、富有活力的收入分配机制。

三是构建资本运作新格局。《决定》指出，鼓励非公有制文化企业发展，降低社会资本进入门槛，允许参与对外出版、网络出版；建立多层次文化产品和要素市场，鼓励金融资本、社会资本、文化资源相结合。这段话意味着，在国有资本之外，将有越来越多的民营资本、境外资本参与某些重要环节的出版经营活动。实践证明，非公资本作为现代市场经济中一种重要的资本形态，是一种反应灵敏、富有活力的经济体。可以预见，在未来一段时期内，国有资本与非公资本的融合越来越多、越来越密切，并呈现两种趋势：一方面，在确保内容安全、文化安全的前提下，国有出版企业通过吸纳非公资本，提升了竞争力和创造力，提升了市场价值和公司价值。另一方面，在金融资本的杠杆撬动下，诸多品质优异、沉淀多年的潜在文化资源会将更好地激活，转化成为现实的文化生产力。

四是构建品牌经营新格局。《决定》指出，要推动文化企业跨地区、跨行业、跨所有制兼并重组，提高文化产业规模化、集约化、专业化水平。这是我国出版企业提升品牌、做大做强的重要途径。按照国际惯例，一个国家前10名的大型出版集团大概占据该国60%～80%左右的市场份额。这不仅有利于集约出版资源，扩大规模优势，提高产业集中度，还有利于避免过度竞争、无序竞争、恶性竞争。对于中国出版集团而言，将进一步通过“三跨”经营，通过品牌延伸、品牌兼并、品牌激活等方式，通过完善分公司、分支机构有效发展的办法，推动以内容资源为根脉的适度多元发展，形成品牌扩张的新路径，努力实现“国际著名出版集团”的战略目标。

五是构建数字出版新格局。当前，欧美国家在大众出版、教育出版和专业出版领域已经形成了比较成熟的数字出版的商业模式和盈利模式。对于中国出版产业而言，数字出版作为一种主流发展方向，不仅是人们形成的普遍共识，还处于一个亟待加速发展的关键时期。数字出版作为一种新经济，数字出版企业作为一种新实体，有必要根据《决定》精神，探索包括股权激励等在内的现代企业激励机制，以便从根本上激发产业转型的内生动力。2012 年 8 月，中国出版集团公司召开了数字化战略推进会，部署了数字出版转型方案。2013 年，集团公司的数字化收入预计突破 4.5 亿元，其中进出口领域的数字平台“易阅通”将达到 4 亿元，数字化语言服务平台“译云”达到 3400 多万，百科、上海世图、三联的数字产品收益之和也突破了 1000 万元。这为集团的数字化转型打下了比较扎实的基础。

六是构建国际传播新格局。《决定》中指出，要扩大对外文化交流，加强国际传播能力和对外话语体系建设，推动中华文化走向世界；培育外向型企业，支持文化企业到境外开拓市场。 随着中国经济的崛起，随着中国资本的扩张，中国文化的产业化将成为国际产业格局的热流，中国文化的“走出去”也将成为国际文化交流的热潮。我国的出版企业也要顺时应势，进一步做好版权经营，探索版权多元立体开发，扩大国际文化服务贸易，加强国际化人才培训，探索公司化运作、本土化执行、数字化运营的海外运作模式，从而不断提升中国出版企业的国际影响力、国际传播力、国际竞争力。

总之，在十八届三中全会精神的指引下，中国出版产业将加快产业的变革、转型、融合进程，形成新的战略发展格局和产业增长态势，为推动文化产业尽早成为国民经济支柱产业、为实现中华民族伟大复兴的中国梦作出更大贡献！

黄金十年　五大畅想　三点自律

安徽出版集团、时代出版传媒公司董事长
王亚非

十八届三中全会的召开，让 2014 年及未来十年有了更加不同的愿景和期待。“千淘万漉虽辛苦，吹尽狂沙始到金”，我相信经历前十年改革的风雨洗礼，在已有的理论成果和实践成果基础上，出版产业一定会迎来黄金十年。

对未来黄金十年，我们充满期待，充满信心，充满希望，具体来说，我们有五大畅想。

畅想一：大融合时代的到来

未来黄金十年，出版产业必将与多元产业融合，与其他产业融合，发挥内容价值最大化。出版作为内容创意产业，更是技术与数据的融合、互联网与互动阅读的融合。从内到外的大融合，将彻底冲破现有企业天花板、产业天花板。

出版价值的判断，将不再以出版数量为标准，而在于出版质量的提升，在于有多少是有效出版；不在于出多少书，而在于书里的故事、道理、价值观，在于谁会说故事、讲故事、演绎故事、传播故事。

过去二十年、十年，在企业发展、产业做大上始终有一个天花板：无论怎么做，只有那么大！比如在京出版集团，已经在京了，还能去哪儿？比如地方出版集团，已经把省内的相关企业整合了，还能整合什么？十八届三中全会带来的最大政策红利，是全面深化改革。全面是要解决全盘问题，深化是要啃硬骨头。从中央到地方的全面深化改革中，出版产业一定会冲破多年来的地域、制度、行业限制，冲破人情、惰性、习惯限制，实现从区域到全国、到全球，从出版到文化、技术、信息、商业的大融合。

大融合时代，将突破产品、人才、机制等微观层面的改革创新，进入资源、企业、产业、行业等宏观层面的改革创新。大融合带来大竞争、大挑战、大变革，创造大资源、大故事、大机遇，带来整个产业的爆炸式发展，诞生国家层面、国际层面的出版集团、出版产业。这样的发展才堪称黄金十年真正意义上的大发展。

畅想二：大创意时代的到来

未来黄金十年，出版怎么利用信息消费的商机扩大自己的产业，活跃业态，提升影响力；怎样利用互联网为商业、实业服务的机会，发挥创意出版的功能，将成为出版产业新的增长点。

出版产业习惯把出版当出版，用出版干出版，说出版道出版，因此有文化、缺创意，有规模、缺效益，有数量、缺质量，而“苹果”却把苹果变成“苹果”。这种变，在于创意。有创意，不在人多，不在历史，就有大规模、大效益。

创意出版，在于创文化、技术和商业的新意。创意越来越依附技术，技术让一切文化创意皆有可能，要用技术实现创意、扩大创意，让一本书变身N次。创意的空间，不在于文化出版本身，而在于商业缝隙，在于找到文化出版与影视娱乐、信息服务、智慧城市、商贸流通等等之间的商业缝隙，嫁接新需求、创造新需求。

大创意时代，没有做不到，只有想不到，出版产业的思维模式、想象模式、生产模式、运营模式、消费模式皆因创意而改变，创意是未来出版企业的核心竞争力，是出版产业赶上其他行业的机遇。出版不仅要挖内容、挖技术，更要挖创意，把文化创意变成企业的发动机、能量源、品牌库，通过创意，让出版产业融入国民经济和社会发展，融入中国梦的实现。

畅想三：大市场时代的到来

未来黄金十年，是市场配置资源的时代，把企业交给市场，挖到黄金就是黄金，挖不到黄金就只能挖沙子。企业的性质决定企业的生命在市场，企业必须自主经营、自负盈亏，挖黄金是目的，用挖黄金的过程培养挖黄金的本事是更高的目的。把出版主业变成富余的矿源是再高的目的，可以成为文化发展繁荣取之不尽用之不竭的内容源泉。

产业发展要先挣钱再发展，以发展促出版文化繁荣。挣钱才能挖到资源，实现大发展。发展在市场，市场配置资源，市场决定命运，要以市场为战场，在战场上只有生存自己，才能继续战斗，迎接胜利。企业必须要先生存，再盈利，有盈利，才能再投入，黄金没人送给你，所以，企业的市场经营能力是第一位的。

大市场时代，要高度关注并发挥市场在企业发展中的主导地位和作用。改革进一步打开，政策进一步放开，市场风暴将席卷而来。只要市场可行，出版就能与广泛的市场要素、模式嫁接，不再是企业挑资源、资本、平台，而是市场挑企业。只要市场可行，业内外企业就会蜂拥进入，没有人关心谁会倒下去，一个倒下去，还会有千百个顶上来。资源的自由流动、主体的自由进退，考验的是市场经营能力。有的企业会挖到一桶又一桶金，有的只能挖到一桶又一桶沙。前十年，出版产业主要是看政策，后十年，当政策框架既定，将主要看市场，市场决定企业的成败、存亡。

畅想四：大国际时代的到来

未来黄金十年，一定是国际大融合的十年。出版国际化是主要潮流，出版人具备的不只是国际视野，更要有国际战略；出版“走出去”不再局限在有限的版权贸易，更要企业“走进去”；国际出版的衡量标注，不是看输出多少版权，而是看输出多少影响力，看出版企业“走进去”，中华文化“扎下去”。

过去，整个出版产业在国际化发展上停留在“走出去”上，能否“走出去”都是问题，而反观国际文化企业“走进来”，一波又一波畅销书、一部又一部大片不断搅动中国文化市场。这是文化全球化、市场化的竞争，也是国家文化软实力竞争，不是要不要国际化，而是躲不开国际化。躲不开，就必须冲出去。

大国际时代，不再以“走出去”论英雄，而是要撬动国外市场。国际化发展将集中在效益和影响上拼功夫，从数量向质量、效益升级，从版权向项目、实体升级，从形式向市场、价值升级，从出版向文化、影响升级。谁能打造具有国际效益、国际影响的图书，谁能让企业、中心、基地走向海外、扎在海外，在海外落地生根、开花结果，谁就能在国际市场上掘到金，谁就能抢到国际化发展先机。

畅想五：大人才时代的到来

未来黄金十年，出版产业将迎来大编辑，更迎来大创意家、大经营家、大管理家。一切事在人为，人才是企业发展的核心竞争力，第一推动力。人人都是人才，人人都可以成材。把合适人放在合适的岗位，就是人尽其才。黄金时代需要金牌人才，需要企业综合型经营管理通才，更需要行业专业化的领军人才，必须培养一批具有国际影响的大出版家、大编辑家、大企业家。小聪明，小有才，无以支撑一个企业，无以支撑一个行业，无以支撑一个时代。

人才与产业是互动的。产业发展壮大依赖人才，产业能否配得上人才，值不值得人才为你拼命，是另一个问题。过去，高新技术人才到出版社，只能干网管、电脑和网络维修，最多是编辑；高端经营管理人才进出版社，能给的岗位是编辑部主任，最多是副社长、社长，没有金融、资本、兼并重组等更大的舞台去施展。这是出版产业缺乏高端人才、多元人才的原因。

大人才时代，随着改革的深化、创新的推进，文化、技术、资本等从小缺口渗透，到全面涌入，出版产业能够承载越来越多的高端人才、金牌人才。人才的竞争，并不是你看不看得上人才，而是人才看不看得上你。人才看企业，企业靠人才；企业不在于大，而在于平台，不在于眼前，而在于未来。只要你够才，就能干出大项目、大事业、大企业、大产业。产业与人才的匹配将拉动出版产业进入耀眼的黄金十年。

迎接黄金十年，我想还应有三点自律。

一是必须全面深入转变观念。全面深化改革要靠全面转变观念引导、推动，没有观念转变，就没有改革、没有创新、没有发展。我从商贸进入文化产业十年，感受最深的是，文化出版人观念转变的障碍恰恰是文化，这一点值得我们好好思考。

二是黄金产业并不代表黄金企业。黄金是外在的，发展、困惑和伤痛是内在的，每一个企业在每个阶段都会面对，做企业要准备好永远都爬坡。对企业和个人而言，有坡爬是一件幸福的事，因为有坡，说明我们在向上，还有机会。

三是出版守住底线，重视创意、创造。产业永远都是梯度的，有人做高端，有人只能做低端。《中共中央关于全面深化改革若干重大问题的决定》中关于推进文化体制机制创新，提出“在坚持出版权、播出权特许经营前提下，允许制作和出版、制作和播出分开”。“允许制作和出版的分开”，我觉得非常重要、非常智慧，解决了出版权和产业化发展的矛盾。对于现有的出版企业而言，意味深远，未来十年，我们会在哪儿？出版权无疑是重要的，它是国家出版阵地的象征，必须坚守。但是，出版企业要发展，必须在坚守这一底线基础上，激发企业职工的智慧和积极性，最大限度地去掌控创意权、创造权。我认为，黄金十年，含金量高的在于出版内容、形式上的创意、创造。

今天曾是明天，明天将成为今天。让我们共同迈入黄金十年！

改革　转型　升级　国际化

——2014年中少总社关键词

中国少年儿童新闻出版总社社长
李学谦

党的十八届三中全会决定对进一步深化文化体制改革做出了新的重大部署，必将推动出版业实现新的发展。中少总社要牢牢把握这一难得的历史机遇，在深化改革中把自己打造成为富有文化创造活力、能够适应建立健全现代文化市场体系要求的市场主体。围绕这一目标，中少总社 2014 年工作的关键词是：改革、转型、升级、国际化。

改革、转型、升级和国际化是中少总社适应新形势，解决新问题，实现新发展的必然要求。从 2002 年开始，少儿出版经历了持续十年的黄金发展期。这黄金十年的显著特点是出版业几乎全行业参与少儿出版，有研究者形容这种状况是“村村点火，户户冒烟”。2013 年有 515 家出版社申报了少儿图书选题，总数达 47000 多种，其中专业少儿出版社申报的选题仅占 19%。由此可见，少儿出版十年快速发展，最为直接的动因是出版全行业参与，是全行业资源投入的结果。这种现象的出现有其合理性，仅靠专业少儿出版社难以满足少年儿童不断增长的阅读需求。但从增长方式看，主要依赖资源投入和品种扩张，实际上还是一种粗放型的增长。2012 年少儿图书市场增速放缓，从两位数降至 4.7%。2013 年 1 至 11 月据开卷提供的数据，少儿图书零售市场的增幅为 6.59%。开卷还提供了另一组数据：2013 年 1 至 11 月，少儿图书动销品种为 148573 种，与上年同比增加 19887 种，增幅为 14%。把两组数据进行对照，可以看到，品种增幅明显高于销售增幅。这种增长导致的直接结果是少儿图书单品种效益下降，库存增加。最近两年少儿图书的市场表现说明，依赖资源投入和品种扩张实现增长的粗放型增长方式已经走到了头，少儿出版要实现新的发展，必须走规模化、集约化、专业化发展的道路。这就需要转变发展观念，创新发展模式，实现转型升级和“走出去”。

中少总社近几年来坚持“真做出版，真办企业”的办社理念，以出版能力建设为核心，在转变观念、改革体制、转换机制、整合资源、加强管理采取了一系列措施，使企业持续快速发展。2013 年，总社发货码洋 10 亿元，销售收入 4 亿多元，利润总额近 6000 万元。但是，我们也清醒地认识到，中少总社的发展仍然建立在传统体制特别是传统业态、传统市场的基础上，是量的增长而不是质的升华，纸介质读物的生产、销售仍然是主要的商业模式，数字产品销售收入、版权贸易收入、服务收入在总收入中占比很小。要实现新的更大发展，就必须加大改革力度，加快业态转型，实现产业升级，参与国际竞争。

改革。2010 年，按照中央的统一部署，中少总社完成了由事业单位向企业的转变。近三年来，我们着力推动企业运营机制的转变。转变运营机制的目的是增强企业活力，企业活力来源于员工的工作热情和创造潜能，没有员工积极性和创造性的充分发挥，企业活力无从谈起。而收入分配制度如何体现效率、效能、公平、公正，是激发员工工作热情和创造潜能的关键。从 2010 年下半年起，我们用一年半的时间，完成了工资制度的改革，从 2012 年 1 月起，实行包括基础工资、岗位工资、绩效工资和年终业绩工资的结构工资制。全社员工，无论原来是否拥有事业编制身份，一律实行新的工资制度，同工同酬，不搞老人老办法，新人新办法。同时，我们建立了与结构工资制相适应的绩效考核制度。通过改革，总社初步建立起员工总体收入水平与企业效益同步增长，员工个人收入与能力、贡献相挂钩的收入分配制度，极大地调动了员工劳动创造的积极性，焕发了企业活力。我们还建立了全员劳动合同制、员工录用培训晋升办法、企业年金制度等项制度，实行了全面预算管理制度。通过一系列配套改革，中少总社从运营机制上初步完成了由事业单位向企业的转变。在转变机制的同时，我们大力加强信息化建设，先后建立了企业邮箱系统、办公自动化系统、

ERP 系统等，提高了管理的科学化水平。2014 年，我们要进一步深化内部运营机制改革。完善结构工资制和绩效考核制度。同时，按照编辑、发行、管理、服务等不同类别岗位，建立覆盖全体员工的职业发展通道，彻底打破原有行政层级，使所有员工都能根据企业发展目标和自身能力水平，合理规划个人职业发展路径，最大限度地优化人力资源配置，最大限度地激发员工创造活力。在深化内部运营机制改革的基础上，按照深化出版体制改革的要求，根据中少总社的实际情况和发展需要，积极推进转制，建立现代企业制度。

转型。转型是出版业态的转型。从传统出版到数字出版是出版业态转型的必由之路。从 2009 年起，中少总社把数字出版纳入总社发展的总体战略，系统规划，分步实施。目前，我们已建成了包括 1951 年中国少年报创刊以来、1956 年中国少年儿童出版社成立以来所有报纸、期刊和部分图书的出版资产管理平台，完成了具有较强阅读功能的少儿快乐阅读平台一期工程，完成了全媒体出版平台的建设并开始试运行，开发了数字图书馆、电子书，语音智能玩具等产品。2013 年，数字产品实现销售收入 1200 万元。2014 年，我们要加快业态转型的步伐，在 2015 年基本完成从传统出版到数字出版的业态转型，实现传统媒体与新兴媒体的融合发展。一是实现全媒体出版。目前中少总社全媒体出版平台已在我社低幼读物出版中心试运行，内容采集、编辑、制作、传播、存储都在该平台上完成，可以完成纸质书报刊、电子书刊、动画、影片等各种介质产品的制作和推送，实现了一种内容，多种介质出版，能够通过提供多种介质的产品来满足读者多样化的阅读需求。计划 2014 年下半年在全社范围内推广运用。二是建成可以面向各种终端推送产品的数字传播平台。将实施包括阅读、学习、娱乐、社交、活动推广等功能的少儿快乐阅读平台二期工程，面向不同终端、不同用户推送阅读服务产品。三是运用信息技术从根本上改进、优化对传统渠道的管理，使传统渠道升级。通过数字传播平台的建设和传统渠道的升级，实现线上、线下对读者的全方位、立体化、个性化服务。同时，要进一步加强总社信息化建设，提高信息技术应用水平，夯实数字出版的技术基础。

升级。升级是出版产业的升级。出版是小行业，文化是大产业。与文化产业更好地融合起来，实现跨媒体、跨行业发展，是实现内容价值最大化，做强做大出版的必然趋势。近几年来，中少总社在延伸出版产业链方面做了一些尝试，开办了以提供体验式阅读服务为主要特色的青少年阅读体验大世界，开发了红袋鼠系列语音智能玩具。2014 年，我们要进一步推进产业升级，加快由阅读产品供应商向阅读服务供应商的转变，由少儿出版传媒集团向少儿文化产业集团的转变。一是坚持编辑为本、内容为王，加强原创出版，打造精品力作，培育品牌产品和品牌形象。内容是出版产业升级的基础，没有具有自主知识产权的内容资源，没有自主品牌产品和形象，少儿出版的产业升级就失去了基础。2014 年，我们要进一步加大原创出版的力度，夯实产业升级的内容基础。继续发展儿童文学、低幼、历史读物等优势板块，重点开发动漫、科普读物。2014 年，已列入年度生产计划的动漫新书近百种，科普新书四十余种。二是实施青少年阅读体验大世界二期建设工程，进一步开发阅读体验产品丰富青少年阅读体验大世界的阅读体验功能。三是依托低幼读物中红袋鼠系列品牌形象，开发玩具、动画、游戏、儿童用品、微型主题公园等衍生产品，并拓宽销售渠道，使衍生产品成为我社新的经济增长点。在推进产业升级的过程中，充分重视文化生产要素市场的作用，积极实现文化资源与金融资本、社会资本的融合。

国际化。“走出去”参与国际竞争，走国际化的发展道路，既是增强中华文化国际影响力对少儿出版的要求，也是少儿出版发展的内在需求。中少总社在加强原创出版、积累版权资源的基础上，以实现实质性的版权输出为目标，于 2013 年 3 月独立组团参加博洛尼亚书展并与国际少儿出版主流圈子开展交流活动，成效明显，实现版权输出 57 项。之后，我们及时总结经验，在新闻出版广电总局有关部门的指导、支持下，对中少总社“走出去”参与国际竞争做了系统规划，拟定了中国少年儿童国际出版创意贸易联盟项目。这个项目包括策划创意平台、版权贸易平台、书展平台、交流与合作平台、数字出版与衍生产品交易平台。2014 年，我们将以实施项目为重点，加快“走出去”

的步伐。一是通过召开研讨会、策划会等形式，积极引进国外优秀儿童出版人、策划人、作家、插画家等，建立融合中外优质出版资源策划创作团队，推出一批以世界视角讲述中国故事的儿童读物，成功进入西方主流社会。二是建立中少总社版权输出常备书目。重点选择一批儿童文学图书、图画书，组织一流译者翻译并制作样张、样书，有计划地向国外出版商推介，使版权输出成为一项经常性工作。三是通过参加书展、参与国际少儿阅读联盟活动、聘请外国专家为国际合作顾问等形式，扩大和加深与国外特别是欧美少儿出版界的交流，建立稳定的合作关系,畅通版权输出的渠道。四是邀请国际著名少儿出版人、作家、插画家对我社编辑、版权贸易人员进行培训，与中国作家、插画家进行交流，增进他们对国外少儿出版和国外儿童阅读习惯的了解，增强针对国内国际两个市场进行策划和创作的能力。五是建设面向国际的少儿数字出版传播平台，加大数字产品的输出力度。

融合与转型　迎接文化视听新时代

国家新闻出版广电总局发展研究中心主任
庞井君

进入二十一世纪以来，文化与科技的融合对于人类社会发展的巨大影响，比任何历史时期都更直接、更深刻、更猛烈。在数字技术、网络技术和现代信息技术的强力推动下，人类文化形态正在向现代电子视听文化（简称视听文化）转向。无论是传统广播影视业，还是传统报刊出版业都在发生革命性的变革。视听文化以传统广播影视和新闻出版资源为依托，以视听新媒体为先导，以大数据、大网络、大传播为技术支撑和总体架构，以人性化为价值轴心，在当代人类文化时空中展现了无与伦比的生命力、创造力和扩张力，日益成为现代文化建设的主阵地和主力军。一种新的文化形态和文化格局已初具轮廓，人类文化的视听时代欣然而至。

十八届三中全会做出的《中共中央关于全面深化改革若干重大问题的决定》，进一步强调“推动文化企业跨地区、跨行业、跨所有制兼并重组，提高文化产业规模化、集约化、专业化水平”，进一步明确“在坚持出版权、播出权特许经营前提下，允许制作和出版、制作和播出分开。建立多层次文化产品和要素市场，鼓励金融资本、社会资本、文化资源相结合。”可以预见，在政策持续推动文化资源优化配置和布局的大背景下，技术、资本、市场的力量，必将共同促动传统的新闻出版与广播电视领域之间的联合、联动、联网，并在移动互联网时代，共同编织出视听文化融合的新图景。

一、人类文化纵横捭阖的时代演进与融合趋势

回溯历史长河，我们可以从人类学、传播学、社会学、哲学等学

科的综合维度，以文化传播介质为基本标志，把人类文化发展历程划分为前语言时代、听说时代、阅读时代和视听时代四个时代。

前语言时代。这个时代的文化状况与原始人的生产生活和精神发育程度相协调相适应，人和对象融为一体，没有明晰的主客体界限，也没有过多的中介隔绝。它不但奠定了后来人类文化发展的基础和文化基因，而且曾经把人类的前语言交往能力发挥到极致，人们在那个文化生态中所产生的原始智慧，也许很多方面我们今天也无法达到。

听说时代。狭义的语言仅指人类区别于动物的有声口头语言。原始先民以古老的神话传说、英雄史诗和故事歌谣传唱历史，保留部族集体记忆，孕育形成了现代文明的源泉。西方文明滥觞的荷马史诗、古巴比伦的《吉尔伽美什》、古印度的《摩诃婆罗多》和中国古老的说唱艺术奇葩《格萨尔》等都是吟唱者在没有文字记录传承情况下铸造的一座座口语文化的历史丰碑。

阅读时代。文字的产生是人类文化传播史上的第二次革命，它使大规模跨越社会时空的文化信息积淀、传播、储存成为可能，是人类文化发展的又一座分水岭。美国人类学家摩尔根认为，“没有文字的记载，就没有历史，也没有文明。”（摩尔根：《古代社会》，中央编译出版社2007年版，第22页。）前语言时代和语言时代的文化成果和历史情境绝大部分湮灭消失了，今天人类文明的大部分资源都保存在这个文字符号时空中。

视听时代。电子视听的产生和蓬勃发展是人类文化发展的第三次革命，是人类文化的又一个分水岭，它把人类带进了文化的视听时代。今天，随着数字技术、信息技术和网络技术的迅猛发展和广泛应用，人类文化的生产方式、传播方式、生活方式和消费方式正发生着剧烈转型，甚至整个社会结构和社会交往方式也因之发生强烈震荡和改变。从历史和文化总体上看，电子视听产生于信息传播领域，之后不断向文化艺术领域拓展以及教育、科研等文化深层领域渗透，视听的大众传播、人际传播、组织传播相互交融，人们的思维方式、认知方式和精神成长方式受到深刻影响和极大改变，文化的影响力和主导力越来越强。视听主导的文化格局成为当今人类文化发展的大势所趋。

如果我们考察近十年来新闻出版业态与广播电视业态的变革，不难发现，就内容资源的积聚与传播形态而言，两个领域、两种资源、两类传播在各自快速变身的同时，也在发生着融合、聚合、统合。例如，在传统的听书、音像电子产品、出版与影视互动之外，点读笔、电子书、数据库、动漫、游戏等数字出版新形态，为网络阅读、手机阅读以及数字广播、数字电视、智能电视的通用资源奠定了基础。纸质阅读时代与数字视听时代并行又交织并存的现象，为创造新型的文化业态和文化商业模式提供了无限遐想。

二、文化视听时代的总体特征与需要注意处理的关系

面对视听文化对已有文化形态和格局的强烈冲击，人们纷纷从各个角度对它进行概括和分析，“读图时代”、“读屏时代”、“电子文化时代”、“视觉文化时代”、“阅时代”等不绝于耳。我以为，以“视听时代”来概括当今文化生态格局比较全面和准确。广义的视听承载和涵盖了以整合传统内容出版与声光电等电子介质作为创造、呈现、传播、接受载体的所有视听活动，既包括传统广播、电影、电视、录音、录像和光碟，也包括各类视听网站、智能电视、公共视听载体、移动广播电视、家庭影院、各类便携视听终端等新型视听活动；既包括广播、电影、电视剧、纪录片等传统视听业态，也包括三维动画、游戏、3D电影、3D电视、网络出版、新媒出版等各类新型业态，甚至包括未来可能出现的融合生物技术、脑神经科学、电子信息技术、网络技术于一体的直接连接读取人脑视听信息的视听活动；既包括各种连续的声音图像，也包括以电子介质呈现的静止图片；既包括单纯的视听创作生产传播活动，也包括以视听为主融合文字传播、实物传播、人际传播于一体的综合传播活动。传统绘画、舞蹈、音乐、戏剧、演艺、报刊、出版、学术研究等文化活动经过当代视听的重现、转换和传播，也具有了非常广泛的视听文化意义。凡此种种，只要是以数字出版和电子技术所呈现的内容、图像和声音的文化传播活动都可以统合在视听概念之下。而传统纸质出版也受到这种趋势的裹挟，向大视听的概念趋同。

从总体上看，文化的视听时代有以下几个基本特征：

视听时代是文化的泛视听化时代。一方面是影像压倒文字、阅读活动边缘化成了人们争论不休的热点话题。另一方面是各种非视听文化的普遍视听化。随着智能终端、宽带传输、云计算、移动互联等技术的广泛运用，随着视听文化对阅读文化优势的深度吸纳与整合，随着公民媒介素养的不断提高以及对视听异化的克服与矫正，视听符号终将成为人们主导性的认知方式、思维方式、学习方式、交往方式和文化生活方式。

视听时代是文化的融合化时代。一部人类文化发展史就是一部科技对人性需求的不断发掘和满足史，就是一部文化与科技的融合史。正是数字技术的产生打破了各类媒介之间的隔绝和界限，使大家找到了可以自由交流和转换的“数字”通用货币；正是宽带网络技术和云计算使大家找到了可以互联互通、融合转换的通道和平台。在这场融合大潮的推动下，文化、传媒、出版、通信、经济、社会等各个领域的融合纵横交错，不断衍生出新型文化形态。一个统合所有视听领域的“视听传媒”概念呼之欲出，传统新闻出版、广播影视向当代视听传媒转型的帷幕已悄然拉开。人们可以在任何时间、任何地点实现信息的融合应用，实现视听终端由传统新闻出版、广播影视向移动、多屏，跨媒体、跨终端数字化、网络化、智能化拓展，其产业链的各个环节正在加速融合和转型，组织架构和业务流程不断重构再造，并向以数字技术和网络技术为基础的各类视听新媒体汇流，当代视听传媒格局和生态日趋形成。同时，当代视听与报刊、出版、艺术、教育等文化相关领域以及更加广泛的社会生产、生活、服务领域的融合也越来越深入。

视听时代是文化的社会化时代。当代视听文化与人类全球化、信息化、现代化时代大潮相伴而生，天然具有开放性、大众性、竞争性和广泛的社会参与性。进入新世纪以来，以当代视听传媒为主导的全媒体融合大潮不但进一步打破了阅读时代的文化平衡，也逐渐打破了传统媒体封闭垄断、一元化、线性发展格局。多向互动的网络传播模式成为文化传播的主导。当代视听创意、生产、集成、传输、接受等产业链各个环节日益大众化、开放化、竞争化和社会化。视听内容制作、播发已不再是媒体的专利，几乎使每一个社会成员都是文化的创造主体、传播主体、消费主体和发展主体，一个全民广泛参与文化发展创造的时代真正到来了。

视听文化时代是文化的个性化时代。随着宽带技术、大数据计算存储技术、移动互联技术、视听搜索技术、新型成像技术、社交媒体技术的日益成熟和广泛应用，在实现“视听无处不在”的同时，当代视听个性化发展的趋向和路径也十分明显。每一个人都可以营造自己个性化的视听文化空间，都可以形成和加入个性化的兴趣共同体，都可以与整个人类的文化空间进行交流互动，营造出无数个性化的精神空间和新型人际交往空间，这些空间的互动融合重叠流变构成了人类视听文化的海洋，马克思所设想每一个人自由全面发展的自由人联合体理想有可能得到当代视听文化的表达和实现。

文化视听时代创造了文化的新繁荣和新发展，但同时也不可避免地凸显了事业和产业之间，产业与产业之间的磨合与矛盾。以文化消费的视角看，不论是出版还是广电造就的视听新资源、新业态、新体验，都必须处理好如下几个关系。

一是阅读和视听的关系。在视听文化时代，传统文本阅读模式日渐衰微，视听冲击甚至损害阅读已成为一种普遍隐忧。伴随视听文化的快速发展，也出现了人类精神的高度和深度受到削蚀、想象力匮乏、历史观被蒙蔽等一系列问题。关于文字符号和视听符号与人的认知心理和文化心理的关系，孰优孰劣，不单纯是一个静止的学理问题，也是一个动态的文化选择和历史选择问题。视听文化并不是要背弃阅读文化。问题的实质一方面在于不适应，一方面在于转换中的断裂和冲突。前一个问题随着时间的推进和人类代际的演进会逐渐消失。后一个问题却需要通过对两种文化的融合与整合来解决。

有技术的支撑和人性需求的推动，未来视听与阅读的结合的前景无限广阔。文字阅读一定会转换介质和表现方式，并与视听深度融合，但人类文字阅读活动不会消失，正如即使进入了阅读时代，人类远古形成的体态语言、口头语言、实物传播等仍然很有生命力和存在价值一样。

二是大众化与精英化的关系。视听时代的文化创造主体和目标受众由文化精英和向普通大众的过渡已日益明显。低门槛、批量生产、利益驱动、迎合大众、媚俗心理与视听文化大众化相伴而来，这是视听文化建设必须克服解决的文化弊端。但是大众化并不等于去精英化，精英文化也离不开大众文化土壤。阅读时代的文化发展逻辑一定会在视听时代延续。视听时代在满足大众一般性文化需求的同时，的确需要更多的文化精品和文化精英来提升人类的精神品质，这是视听文化建设在解决了海量内容、传输快捷、接受方便问题之后的主要用力方向。事实上，视听文化建设以广泛的社会性和强大的产业性调动了每一个社会成员的主体创造性，重塑了整个民众的文化素养，拓展了文化创造金字塔的“塔基”，提升了文化评价的价值尺度，为文化精品的涌现和文化精英的育成创造了更加有利的条件和环境。

三是视听泛在和媒介素养的关系。在视听时代，大量的视听信息充斥我们的生活。海量的视听信息，在给我们带来丰富视听享受的同时，也在某种程度上造成了时间荒废、思想的匮乏、精神缺失和人格畸变。一些低劣出版物和节目泛滥对青少年心灵成长和道德发育造成的损害更是十分严重的问题。应该清醒地看到，暴力、色情、淫秽等不良内容借助视听传播具有比阅读时代强千百倍的放大效应，对人类的影响是灾难性的。解决这些问题，一方面在于加强监管监督和媒体自律，另一方面在于广泛开展媒介素养教育，提升国民媒介素养教育，培育全民尤其是广大青少年正确认识、鉴别、选择、运用和监督各类视听媒介的能力，以规避和消除其负面影响。应尽快将提高公民媒介素养纳入国家政策话语体系，应像西方发达国家一样将媒介素养教育纳入国民教育体系。

四是人性化与异化的关系。从理论上说，人的任何一种创造及其产品，在满足人的需要的同时，如果运用不当都会反过来对人的发展产生异化。未来随着信息技术、生物技术的飞速发展，在给人类带来新的文化享受的同时，也会带来无法预料的风险和危机，新的异化问题会更加突出。克服视听文化带来的异化，关键在于以人的自由全面发展为根本价值尺度建构新的文化模式和做出科学的制度安排。

很少有人再幻想扭转人类文化视听化的发展方向来解决现实存在的问题。

三、视听时代资源整合的三种模式与三大趋势

充分认识视听时代的特征，对新闻出版、广播影视等传统出版媒介的内容资源整合、文化业态创新有着重要的意义。未来，报刊图书出版与广播电视的视听资源融合，至少有三种模式：

模式一：报刊出版←→广播电视=产业链新延伸。这种模式其实仍具有“传统”“已然”的形态。如报刊出版内容的广播版、电视版，广播电视节目的图书版，影视与影视书的互动等等就是典型表现。可以预见，随着文化管理体制与运行机制改革的不断深化，原先彼此隔离、互为壁垒的两大文化领域，将日渐打通。如中国教育出版传媒集团与中国教育电视台签署战略合作协议，广东南方出版传媒股份有限公司参与投资广东电视台“快乐益智”频道，中南出版传媒集团与湖南教育电视台合资创立“湖南教育电视传媒有限公司”等案例，将越来越普遍。

模式二：报刊出版+广播电视=视听新体验。此模式基于两者内容和技术的各自发展而彼此融合。例如，数字出版的发展，使传统纸质出版的内容与网络在线、电子出版、网络电视、智能电视等实现了全新的嫁接。两种不同的传播介质和渠道以内容和技术为媒介，实现了新的超越。例如，动漫出版、游戏出版的多介质多媒体化就是这一模式的体现和发展。

模式三：报刊出版+广播电视+N=视听新业态。N代表了两者之外的新介质、新媒体、新业态，三者或更多元的文化资源，突破了彼此的界限，发挥各自的优势，完全锻造出全新的文化产品。例如，与移动互联网的结合，可以创造出移动手机电视，其中，既有出版的内容内置，又有电视的媒介特征，还有手机的传播优势。未来，在物联网、云平台的大时代，还会创造无限奇妙的视听文化盛宴。

面向未来，我们几乎难以准确地描摹视听文化新时代的具象图景，但有三种趋势是清晰的：

一是内容资源通用化的趋势。视听新时代，将打破传统新闻出

版与广播电视内容资源的壁垒、界限，内容创造、内容创新作为通用的内容资源，将汇聚在视听文化的大概念、大图景之下，演绎出全新的资源平台。

二是技术主导资源流向的趋势。移动互联网、4G、3D打印、按需出版、各种APP应用，等等，与视听技术、新媒体技术将加速整合，由技术驱动内容资源的积聚和重整将是大势所趋。在此过程中，技术标准化、标准兼容化将起到重要的主导作用。

三是行业壁垒持续打破，跨行业多业态兼容的趋势。传统的新闻出版、广播影视、文化艺术的狭义“文化圈”将被持续突破，大文化以及非文化领域的行业介入、兼容，在构建现代文化市场体系的大环境中，将开创阅读产业、传媒产业和创意产业三大产业融合的新纪元。

由阅读文化到视听文化是一场世界范围的巨大文化转型，也是每一个民族文化发展的一次历史机遇。中华民族在文化的阅读时代曾经为人类文化做出了巨大贡献，在文化视听时代，我们同样具有得天独厚的优势。我们具有世界上绵延不绝、博大精深的传统文化资源，这个以文字和实物为基本载体的文化宝库，经过当代视听化转换一定会焕发无限的生机和潜力。我们必须清醒地认识到，在文化的视听时代，文化强国建设理当更应重视视听文化建设。我们应当以高度的文化自觉、文化自强、文化自信，大力推进文化体制机制创新，正确认识和处理文化视听时代所面临的各种问题、各种矛盾和各种关系，从国家战略高度部署视听文化发展规划，建设“视听中国”，走出一条中华文化复兴的视听之路。

信息消费力推出版产业

中国工信出版集团党组书记、总经理
电子工业出版社社长、党委书记
敖 然

在这里，我想和大家探讨两个问题。第一个问题是信息消费到底能够给我们出版产业带来哪些机会？第二个问题是我们出版企业能够做哪些创新？

在回答第一个问题之前，我们来看两个现象。

现象一，最初，我们想要的只是信息，比如关于生活服务资讯、国内外市场商机、娱乐八卦新闻、闲暇时光消遣，等等，可是我们捧回了一台台电脑，后来是一部部手机，又加上了一堆平板，结果信息变成了那些硬件的附着物，我们自身变成了那些终端的奴隶。我们得到的除了一些“不明觉厉”的概念，思想界仍然没有超出2000年前的那些先哲，文学上也没有涌现出更多的大家，最接近上帝的艺术——音乐并没有产生更经典的作品。也许，在人类文明进程中，我们把现在产业的顺序本末倒置了。

现象二，我数数近十年来那些响当当的创新和应用：电子商务、博客、RSS、即时通信、微博、Facebook、云计算、大数据、团购、微信、APP，等等，每一个应用都会涌现一批大公司，而且这些公司基本上就是在一夜之间就闻达于世，俗话说，“十年树木，百年树人”，我们经常说要稳健经营，可是这些互联网企业完全不遵循几百年来的商业规律和财务规则，即使是身处人类知识文明塔尖的出版业的我们，也经常会有一些恐慌，甚至真的会怀疑自己：我们自己真的落伍了吗？我们是否也要给所处的行业和企业注入互联网基因？

2013 年 8 月，国务院发布了一个文件《国务院关于促进信息消费扩大内需的若干意见》（国发〔2013〕32 号）相信搅动了大家的神经，我非常认同该文件中开篇的表述“加快促进信息消费，能够有效拉动需求，催生新的经济增长点，促进消费升级、产业转型和民生改善，是一项既利当前又利长远、既稳增长又调结构的重要举措。”相比于现有的设备计算能力冗余、信息处理终端泛滥，有效信息才是我们这个社会的稀缺资源，信息消费的主力军恰恰是新闻出版业。信息消费到底给我们带来了哪些机会？我认为主要有以下 4 个方面：

第一，关于信息消费市场。到 2015 年，信息消费规模将超过 3.2 万亿元，年均增长 20% 以上，带动相关行业新增产出超过 1.2 万亿元，其中基于互联网的新型信息消费规模达到 2.4 万亿元，年均增长 30% 以上。我们不能妄想这 3.2 万亿都归集于出版业，但是我们能够在其中分得一杯羹，进而在信息消费中把握主动权，通过信息消费创造出比我们传统出版业要大得多的一个市场，这，正是大家所想，也是大家所需。

第二，关于信息消费产业边界。也许大家会认为，信息消费也许会给带宽、网络、终端等硬件和软件产业带来新的发展机遇，或者给互联网企业带来更多的机遇，可是并没有任何人给我们限定信息消费产业的边界。自从上海自贸区成立后，“负面清单”一词被大家所熟知，实际上国际通行的协议边界均以负面清单形式出现。对于信息消费产业，没有谁制定负面清单，我们可以是内容提供商，可以是 SaaS（软件即服务）提供商，也可以是系统集成商。到了今天，我们如果还仅仅抱着传统出版不放，故步自封，发展速度和结局基本可以预期。我想说的是，我从来不认为我们出版行业不能变成一个基于互联网应用的企业。

第三，关于信息消费内容。文件中提到的信息消费内容包括“（十一）丰富信息消费内容。大力发展数字出版、互动新媒体、移动多媒体等新兴文化产业，促进动漫游戏、数字音乐、网络艺术品等数字文化内容的消费。”其实人们需要的只是信息，而不是那些硬件终端，现在我们的产业都本末倒置了，我不知道没有一本书和杂志在里面的

Kindle 它还能叫 Kindle 吗？咨询界流传一个笑话，如果你手头有一把锤子，所有东西看上去都像钉子。出版业不能再想当然认为还有那么多读者喜欢纸质图书，第十次国民阅读调查报告已经显示纸质书、报刊、杂志阅读率或持平，或下降，而电子书报刊的阅读增长 65%。世界在不断变化中，我们出版业必须要为这个变化的世界做些什么。

第四，关于信息消费政策扶持。从文件来看，信息消费政策支持是全方位的，从降低审批成本、加大财税政策支持力度，完善企业融资环境、降低贷款成本、完善制度环境等一揽子计划。一直以来，经济学界认为，企业必备的生产要素包括土地、资本、劳动和企业家才能，近年来经济学界又把制度也作为了企业必备的生产要素。制度环境的重要性已经不言而喻，吴敬琏先生甚至说“制度重于技术”，当然，除了这个文件，十八届三中全会《中共中央关于全面深化改革若干重大问题的决定》提出了更加有助于文化产业改革发展的政策支持，相信这将激发企业活力，带来一轮快速发展。

接下来，分享我对第二个问题的思考。我们出版行业能够做那些创新？

我们先来看看国际上那些久负盛名的出版巨头在 2013 年都做了哪些创新以及带来的变化，或许从中我们能够看到我们未来的一些影子。Amazon 和苹果公司的发展脚步一直没有停止过；励德爱思唯尔集团已紧追谷歌、中移动、彭博之后，在全球最成功的数字媒体公司中排名第四，把苹果、雅虎、腾讯等 IT 企业甩在身后。而作为励德爱思唯尔的科技、医学出版分支，爱思唯尔从数字化产品中获得的收入也早已超过 80%，这样的前瞻性和革新动力着实让人惊讶；4 月，兰登书屋和企鹅出版集团合并成兰登企鹅集团，从而更好地在电子书市场与亚马逊和苹果公司展开竞争；6 月，新闻集团宣布旗下的娱乐和出版业务将被拆分成两个上市实体。其中，《华尔街日报》、道琼斯通讯社、图书出版公司 HarperCollins 和几家澳大利亚及英国出版物以及其他一些部门将并为一家公司，这家公司将保留新闻集团的名号；德国出版巨头施普林格集团 7 月份宣布，出售旗下多个传统印刷媒体，继续迈向领先的数字媒体之路。2007 年至 2012 年施普林格数字产品销售比重由

8%上升到 36%；7 月，圣智学习集团已经提交了破产保护申请。

再看看国内，截止到 2013 年 11 月，全国取得互联网出版资质企业达 660 家，其中已有 289 家企业同时取得移动出版许可，半数是有影响有规模的民营企业。大批跨界者成为新的竞争者。我想，关于紧迫的形势，我不能说得再多了。

国家倡导的信息消费成为我们必须抓住的时代机遇，出版产业必须要迈入新时代，创新成为我们不二选择。不过，我们所说的创新，不是要成为新技术上的先锋，或是第一个尝试其他公司没有做过的事；相反，这里的“创新”更多是成为商业上获得成功的公司。

创新一，领域创新：我们要成为跨界者。我们注意到信息通信技术（ICT）产业近年来最明显的变化就是融合。3C 融合、三网融合、工业化和信息化融合，互联网和传统产业融合，等等，与其被动成为信息消费的附着物，不如我们破釜沉舟，自己成为自己的颠覆者，自己主动成为跨界者，或许能够赢下未来。在企业内部注入互联网基因，允许一部分人、一些部门先互联网起来，两条腿走路，去实践，去探索。或许，我们要进入比数字出版概念更广泛的行业和领域内。

创新二，产品形态创新：学会倾听用户的需求才能创造新的产品形态。多媒体、全媒体时代的信息传播已经发展成为文字、图片、音频、视频等信息内容并行，纸质、电子、网络、卫星通讯多种传播方式同时存在的全方位、立体化展示的方式。客户对于信息消费不再是直线的、单向、被动接收的，而是双向的、互动的。我们应该在同人社区、作者平台建设、大数据分享、云服务以及其他能够更贴近读者和客户上做更多的努力。我们要倾听传统读者对我们图书以及关联产品的需求；我们要倾听来自智能手机、平板电脑、穿戴式设备等终端设备拥有者对数字内容的需求；我们要倾听作者对出版机构、自媒体以及经纪代理的需求。

创新三，组织形态创新：我们要借助资本的力量迅速壮大。就像上文提到的互联网企业，改变他们企业行为的是资本。中国的出版产业中尚不存在一家能称得上大数据的大公司，我们无论是在全面性还是个性化需求上均无法满足大多数读者的分类信息需求，每家出版社拥有的数据和信息内容、作者的真知灼见淹没在互联网上的海量数据中。应对这庞大的信息消费市场，要昂首挺胸进入出版新时代，依靠出版社自身的积累是很难实现的，我们需要在公司化、股份化上走得更快，在金融资本、风险投资、社会资本以及文化资源整合上做各种路径的探索，部分出版传媒领域要实现商业模式的突破。

说到我们自己。前不久，中国工信出版传媒集团公司正式成立，接下来将重点围绕以下三个方面开展：一是以资本为主线，建立集团化的管控模式；二是将继续专注专业出版传媒市场，并重点发展数字出版和文化创意项目，使出版产品形态，服务读者的内容形式有一个新的变化，走出一条传统出版和数字出版融合发展之路；三是整合优质资源，推动股份制改造，打造上市主体。

我想，我们也是要做这方面探索和创新，和大家一道迈入出版新时代。

移动互联时代阅读的嬗变

多看科技副总裁
胡晓东

在展开阅读这个略显沉重的话题之前，让我们先讲个有趣的故事。在 19 世纪末期汽车刚刚出现的时候，人们是怎么样去形容这个新生事物呢？这个家伙有着发光的巨大眼睛，吃的不是干草而是汽油，它的皮肤光洁，没有毛发，我们居然没有发现它的蹄子只靠轮子自己跑，但它存在巨大的安全隐患，在马夫打盹的时候会跑偏。可笑吗？这是真实的文献记载，而早期的汽车的确和马车很像，但直到汽车彻底脱离了马车形态的束缚时，才迎来了长盛至今的汽车时代。今天，阅读也面临着同样的大变革时代，在移动互联网为时代的浪潮到来之时，利用传统概念去套用在新生事物上，只能是一个笑话。

韩愈在推动古文运动时说：不破不立，不塞不流，不止不行。我们需要先看一看出版业需要“破”掉什么？在我看来，是以纸为中心的出版理念。我们通常说到数字出版的优势，往往从介质的更新上考虑问题，比如便携呀、存储量大呀、多媒体呀这些东西，这是个非常片面的理解！移动互联网所打破的是纸书为代表的知识凝聚与传播方式，打破的是书面文字为代表的阅读思维，今天“知识”与“文字”的定义变化使纸书的根基产生了动摇，如果还绑在书是“一本本”的传统概念上，又怎么能看到未来？

为什么这样讲？大家知道，在信息不发达的时代，知识的定义首先是“信息拥有能力”，所以有“学富五车”的说法；其次是知识的理解能力，所以我们会“皓首穷经”。在互联网与移动互联网的时代，所有的信息不对称都已经或者逐步被打破，信息本身与信息理解都唾手可得，这时候的“知识”定义就成为信息的应用能力与创新能力。反过来看，作为知识凝聚载体的图书，按照以前的方式去做，对读者的价值能有多大呢？

再看看文字吧，在二十世纪六十年代，一位叫沃尔特·翁的耶稣会神父、文化历史学家曾经断言：电子时代将造就新的文化的特征——口语文化的复兴。翁神父在50年前的这一预言在今天已经变成了现实，我们每天接触最多的文字已经由书本变为社交网络，文字的意义已经在潜移默化中变迁，从而导致思维的变化。人们更乐于接受平等而人性化的文字，就好像聊天一样轻松而娓娓道来；人们希望写作者的面貌越清晰越好，而不是板着脸说：“我是来教育你的”；人们更愿意交流与表达，而不是被动的接收；人们快速地关注话题、追逐话题、遗忘话题；人们了解自己的兴趣，并找到兴趣的归属地。口语化的、基于熟人语境的文字已经替代了书面语，如果你的文字依然停留在书面语言中，它的生命力是堪忧的。很多朋友问我，移动互联网口语文化的特征是什么？我有个不成熟的十二个字提法：说真话、说人话、接地气、有干货！

那么，我们反过头来看，面对移动互联网所带给出版的“百年未有之变局”，出版业该如何应对？前段时间与我国台湾出版业同仁沟通的时候，他们问我作为跨界人，对数字出版中出版业者与IT业者分别有什么看法和体会，我回答道：在这个变革期，目前出版业最大的问题是“妄自菲薄”，IT业最大的问题是“妄自尊大”。前者忽略了自己的内容价值而不思进取，后者沉浸在技术可以改变一切的美梦里不可自拔。技术无生命，内容有灵魂，信息应用正在取代信息获取成为互联网核心！只有“真正有用”才会“真正持久”。技术固然满足了我们的欲望，加快了内容传播的速度，但它并不是“欲望”与“内容”本身。事实上，信息越丰富、内容越庞杂，反而越需要专业人员的分类、整理、规范与引导，内容组织、加工的职能在移动互联网时代只会强化，不会消失。信息只有经过人工的、专业化的选题、筛选、整理的系统化编辑后才可以成为“知识”，才可以用起来。编辑态度、内容主张与思维导向都需要专业的人员与团队去实现，但它需要换一个形式、换一个角色定位。编辑与出版业，在移动互联网时代将会产生远超以往的巨大力量！

信息是世界的镜子，在虚拟世界“乱花渐欲迷人眼”的背后，不变的是人类的内容需求，300 年前培根讲的：阅读带给你文雅、乐趣与能力，现在依然如此。一切的产品都是为满足用户需求而生的，无论阅读形态如何变化，内容依然为王。可见内容企业的玩法和互联网完全不同，互联网依托技术进步以模式创新为主要发展形态。而内容商只需将自身的内容打造到极致，在不同的市场阶段封装成不同的形态就可以了。当然这个形态包括纸书、电子书，可你能说微信公用账号不是吗？视频不是吗？培训讲座不是吗？内容如水，模式如杯，有了内容根据市场变化设置模式就好了，不必去太过纠结于形式。为什么要到极致呢？因为移动互联与社交网络会让一切透明化，你不做极致就无法在该领域创建足够持续的“影响力”，就没有足够的支持人群，商业基础就像在沙子上一样没办法搭建起来。

但是，坐拥内容不看变化也是不行的，我们看到的出版“转型”，其核心还是在内容上，只是你需要适应变化去重构不同的“产品封装形态”。请注意，在这里我提的是“重构”，而非转型，在人类商业史上，我们看不到建立在旧模式上的“转型”案例。即使是如日中天的微信，也是在腾讯内部出现了一支全新运作的创业团队，并以此为基础逐步弥散推动整体变革。其余如 IBM、Apple，其转型途径都是如此。

上面我们谈了很多“破”的问题，那怎么“立”呢？很多出版人将目光投向了它所不熟悉的 IT 领域，所以——迷茫了。事实上，你只需要看好一件事：从内容出发，走向读者的需求。阅读是一种很特殊的需求，它不像一个物品满足的是人的单一需求，所以必须从内容本身与用户需求制定不同的产品结构、体验形态与营销方式，依靠一种固定模式，把书做成一个样子去包打天下是不靠谱的。一个从属于文学类——小说子类——青春小说分类的网络文学完全采用了互联网的模式，就可以成为今天数字出版的主流，出版业潜藏的价值可想而知。

具体怎么做？中国人拥有非常深远的改革智慧，有句话叫：新事新办法，老事老办法。在我们尚且不能将传统出版与数字出版融会贯通之前，不如分别处理。在这里我想举一个例子，那就是中信的数字出版以及他所代表的“中信模式”。

众所周知，在数字阅读方面，中信无论是意识还是举措，在国内的出版社中是非常先进的。他们曾经开风气之先以畅销书做纸电同发，他们积极探索出版社自建平台，他们在各大电子书平台营业额均位列前茅。但这些只是业绩，所谓的“模式”主要体现在以下几个方面：

一、组织架构的移动互联网重构：中信出版社投资6000万元成立中信联合云科技公司，按照移动互联网企业特征，采用独立架构整合出版社资源。

二、回归内容本质：通过三年的尝试，中信充分认识到出版社自建平台无论在技术、推广以及发展上都是有限制的。故此新的数字出版公司回归内容本质，在“纸书电子化”的同时，全力打造原生电子书产品品牌。目前其原生电子书《中国故事》系列已经在多看平台上线两百多册，销量过万。预计2014年将全面推出3000种原生电子书产品。

三、拥抱移动互联模式：在业务探索方面，中信并不困守在原有的纸书销售模式上，而是与电子书平台相互配合，积极探索如内容产品试错与迭代开发、预售与自我更新、话题式推广等新兴内容开发与营销模式。

四、打造新型的内容与平台合作伙伴关系：传统上，内容商与平台商之间是供货者与渠道之间的关系，双方除了商务没有太多的交集。而在中信模式中，多看与中信一起创建了真正定位于战略合作伙伴的新型关系，共同打造原生电子书产品。在这一合作关系中，多看以其对移动互联用户的把握与数据分析向内容提供商提供选题策划、内容结构、营销方式的支持与建议，而中信根据这些反馈实时调整、优化内容产品，同时，实际参与到电子书的开发与营销活动中去，效果非常明显。

在打造新型的内容与平台合作关系方面，多看注重“共赢”与“透明”，我们启动了TOP级内容合作伙伴计划，它的定义是，是否在某个领域具备不可或缺的、持续的优质内容生产能力与集聚能力，而不是出了多少本畅销书。因为内容才是出版社把握未来的唯一利器，也是数字出版突破重围的根本所在。除中信外，我们也看到越来越多的合作伙伴参与了新内容的打造过程中，如专注于建筑的天津大学出版社，在军事方面具备独到资源的中航传媒等，他们都在以“重构”的方式去和多看一起寻找未来。

在分享的最后，我想说，中国的数字出版的未来已经日渐明朗，虽然还有些“犹抱琵琶半遮面”，但毕竟即将“拨开云雾见青天”，我们只需要考虑三件事——用户、内容与变化。

两岸齐心干实事　共许中华再复兴

台湾出版商业同业公会全联会理事长
杨克齐

回首来时路，唯有感恩

1993年，辜振甫与汪道涵两位长者，开启了两岸交流的新局，也带动了两岸出版产业的正式来往，转眼二十个年头过去了，两岸出版同业密切地交流，从陌生摸索一路开展到如今亲如兄弟的情谊，也务实地在商机开拓上，逐渐加强两岸的互信与实际的效益成长。个人亲身经历了这段令人惊奇的时代转变，对那些曾经为两岸和平默默付出贡献的前辈，本人心中充满感激与感动，这其中当然也包括了两岸许多出版同业先进；在此，向过去为两岸出版合作做出积极贡献的所有朋友致敬，没有他们过去的努力，就没有我们今天在此共许未来的团圆。

两岸交流再开新章，团结合作布局全球

面对竞争日益激烈的国际环境，面对信息科技不断创新突破的挑战，我们相信，两岸产业的交流必须更紧密，两岸合作的内容必须更踏实，所谓“实干兴邦，空谈误国”，目标及愿景都必须透过脚踏实地的方式才能完成，对处境艰困的出版产业而言，尤需如此！对于两岸出版合作，个人衷心期盼：希望有朝一日，两岸的读者能跨过海峡的隔离、越过简繁的分别，最终形成一个零时差、无障碍、没有阻隔的“大中华阅读圈”。针对这个人口众多的阅读圈，两岸的出版同业应携手同心，为产业的根本，也就是阅读，培育基础；为产业的核心，也就是人才，打造专业，以扩大中华文化在全世界的影响力，并由“大中华阅读圈”的概念发展出属于我们自己的文化产业价值

链——“华文阅读共同市场”，将是我们眼下最重要的任务。

整合出版力量，“台湾出版商业同业公会联合会”责无旁贷

出版产业肩负文化创意产业的火车头角色，为振兴产业，寻找契机，台湾出版同业在2012年成立了“台湾出版商业同业公会联合会”，简称“联合会”，透过台湾出版公会全区会员代表的选举，并推选本人担任首届理事长。不同于以往的公益性人民团体，“台湾出版商业同业公会联合会”有以下特性：

一、依照台湾商业团体法“业必归会”规定，凡是出版社皆须加入地方的出版商业同业公会。各行政区仅能成立一个地方出版商业同业公会，再由各地方出版商业同业公会联合成立台湾全区的联合会。

二、出版商业同业公会联合会，必须担当整体出版产业意见整合的工作，并代表产业利益向行政机关提出政策意见，同时也是行政机关推动政务必须咨询的产业唯一代表。

用比较粗浅的说法，“台湾出版商业同业公会联合会”就是台湾出版产业的唯一代表团体，虽不具有官方身份，但却具有法律赋予的出版产业唯一代表性。由于这样的责任及付托，“联合会”必然要出面整合台湾出版力量，义不容辞地要为产业发声，并不断为争取产业共同利益而向行政机关争取政策支持与协助。也因此，面对未来两岸出版合作，如何干实事、谋发展，汇聚两岸出版产业经验与创意人才，携手共同打造“华文阅读共同市场”，迎向国际竞争，将是“联合会”与大陆出版同业所必须共同努力的目标！

积极促成服贸协议签订，加速两岸出版业务交流

面对“华文阅读共同市场”的目标及愿景，首要工作就是强化两岸出版市场的进一步交流。“联合会”在成立大会的记者会上，我们公开宣示要排除两岸交流的障碍及误解，积极促成两岸服贸协议的签订。虽然出版业尚未包含在现阶段两岸服贸开放项目中，但在已开放对等投资的流通发行与零售业务项目上，我们主张不但要加速进行，更应实质性整合，为“华文阅读共同市场”打下根基。有了更多通路与发行的基础投资，更能有效服务不同生活圈的华文读者；共同提升阅读品位、包容差异、促进彼此了解。同时，借由两岸发行流通业务

的开放，将促成华文读者与书籍内容的多重媒合，除有助于出版发行从业人员的职能养成训练外，更将形成出版产销讯息的良性回馈机制。产销相互良性支援，引导出版产业将创意开发与市场导向做出完美的结合，最终创造出具有大中华文化特色、足以媲美欧美日等国际文创竞争力的产品。

两岸互设办事处，建立书籍资料库

两岸服贸协议签订后，人员及货物的交流往返势必更加频繁，“联合会”积极主张两岸出版业者应互设办事处，本会愿意协助大陆同业在台湾取得各项便利优惠的设置条件。在此互信互动的落地机制下，两岸将建立起更深更广的出版发行交流。对台湾业者而言，透过常设机构，希望能大幅简化出版品进出口的前置作业，并借由建立书籍资料库，能改善目前个案式、逐批审查作业的时效问题，让审查作业常态化、经常化，借此扩大并加速两岸发行流通业务，减少时间与资源的耗费，共同朝向零时差、同步化的目标迈进，创造更大的实质商机。更可借由两岸互设业务办事处，进一步扩大到港澳、新马、欧美等已行之多年的华文书籍流通平台，跨越简繁藩篱，初步完成全球华文阅读市场的整合，甚至于可以将影响面扩大到数字出版品，借此打造一个属于大中华的电子书阅读平台，以数字科技与纸本工艺、虚实并进之姿，迈向国际舞台。

建立两岸出版人才认证平台

展望两岸出版合作，首重人才培育。两岸交流多年来，出版人才络绎于途，但彼此规范不尽相同，作业机制也有差异，联合会是唯一可办理出版产业人才培训与认证的组织。为此，“联合会”将推动出版专业认证制度，认证的内涵也将大量参考大陆目前的做法及观念，务必让认证结果能互为两岸出版产业所用。以专业职能认证累积公信力，逐步建立两岸出版人才资料库，长此以往，不但将为同业解决人才评鉴问题，更可为培育明日杰出的出版人才而预做储备，两岸出版同业面对国际将更具竞争力。

建议常设台版书专区

在“华文阅读共同市场”的愿景下，“台湾出版商业同业公会联合会”已经向中国出版协会提出，从2014年起，每年在大陆各地新华书店办理繁体字书展，常态推动台版书籍销售，创造两岸出版同业新的商机；同时也为大陆广大读者提供多元的出版品，促使两岸阅读共同市场的加速形成。台版书籍在这样的常设书展里，将逐步因读者的熟悉而强化销售。也可借由常设书展累积、建立台版书籍进口审批资料库，简化目前进口台版书籍的作业流程，达成两岸书籍发行零时差的目标，同时让大陆读者熟悉简繁并陈的书籍销售方式。“联合会”向中国出版协会提出具体的方案，在全国的新华书店挑选特定地点，以“重点试办”的方式推动台版书籍的长设书区，让台版书能有更多机会与大陆读者见面。其实在台湾，大型书店简繁体并陈，早已被读者熟悉，也创造出不少的商机。如大家所知，夏潮基金会董事长宋东文先生，甚至一口气独资在台湾开设了6家专卖大陆简体书的书店，相较之下，个人觉得大陆实体书店贩售台版书的陈列空间及机会实在太少了，如果台版书常设区能够搭配“台湾书展”专案，那就更让人振奋了。大陆读者深刻接触台版书后，当更能体验“简繁一体、两岸一家”的事实，深切期盼能透过与大陆书店的合作，以“试点试办”的形态，一步一脚印，累积经验，最终朝向“华文阅读共同市场”的目标迈进。欢迎同业先进与我们联系，共同规划推动此一深化交流的活动。

实事求是，共创未来

“台湾出版商业同业公会联合会”在成立记者会上正式宣示四大主张，包括：

1. 支持服贸协议签订。

2. 图书消费扣抵个人所得税。

3. 书籍按定价销售。

4. 推动出版专业认证。

每一个主张都是实事求是，不打高空，每一个主张也都分组分工，专案进行。我们也非常愿意用这样的精神，来继续进行两岸出版的合作。各位先进，今天我们所做的一切努力，都将是华文出版未来光明大道上的奠基石，也是两岸携手迈向国际文创挑战的启航点。身为华夏子孙，心系文化传承与发扬的使命，两岸儿女都期待，更要为中华民族的伟大复兴而全力以赴。

诚如本文的标题，希望“两岸齐心干实事，共许中华再复兴”。

让我们一起来打造“华文阅读共同市场”。

让我们一起来重现中华文化盛世风华，为世界文明发展做出更辉煌的贡献。

让我们一起来共同努力吧！

出版传媒集团
2014改革发展大趋势

中国出版集团公司

改革创新　抓铁有痕　全面实现六个新突破

——2014年中国出版集团公司工作重点

2014 年，中国出版集团公司将认真贯彻落实十八届三中全会精神，以改革创新、抓铁有痕的精神，抓住重点项目和关键领域，实现以下六个方面的突破：

一要抓住“内容创新十策”，实现内容创新突破。要扎实推进资源拓展项目，积聚国内最一流的作者资源和专家资源。要遴选好“三个一百人才库”项目，充分发挥骨干引领带动作用。要抓好选题结构优化项目，策划更多紧扣社会热点、焦点、关注点的优秀选题，抓好《地狱》、《妈阁是座城》、《百年佛缘》等重点新书，培育更多 10 万册以上的畅销书。

二要抓住“三跨”经营，实现品牌扩张突破。要召开品牌经营大会，研究探索品牌激活、品牌创新、品牌兼并、品牌连锁、品牌营销的具体办法；要总结分社制、分公司制运营经验，进一步完善分公司管理办法，加大重点品牌单位的“三跨”经营和品牌扩张。

三要抓住重点板块，实现集团化的突破。要进一步发挥艺术品经营、教材、进出口业务的战略拉动作用，进一步发挥好重点品牌、重点板块、重点产品的引擎作用；要提高资金集中的理财收益，力图实现经营型增长。要在积极推进集团股改上市的基础上，大力推动荣宝斋、中译语通的股改上市。要加大重大工程推进力度，务必明年开工；要完成对有关企业的战略重组，构建完整产业链。

四要抓住内部改革，实现机制创新突破。抓住人事、收入分配制度这两个关键领域的改革，建立能上能下、有序流动的人才流动机制；抓住专家制、导师制、专题培训制，提升人才培养质量。抓住股权激励、协议工资、文化津贴，加强重点人才的培养引进。抓住建立灵活有弹性的工资体系，对不同岗位进行分类考评，充分激发竞争活力。

五要抓住七个平台，实现数字化突破。要抓住数字资源整合，实现“1251 目标”，打开商业化运营的缺口。“译云”、“易阅通”、“工具书在线”等要不断扩大营业收入，大众平台要做好转型，“音乐平台”要尽快上线，百科平台要正式启动。

六要抓住六个要点，实现国际化突破。要切实聚合一批重点版权资源，建好一批海外译者名录。要以重点项目为龙头，培育拳头产品、打造出明星产品。要以数字化带动国际化，推动重点产品进入国际主流渠道营销。要完善走出去的考核办法，切实激发工作动力。

中国教育出版传媒集团

全面深化改革 推动事业发展 做强出版主业 为推进文化体制机制创新贡献力量

中国教育出版传媒集团是国家着力打造的中央层面三大出版集团之一，包括人民教育出版社有限公司、高等教育出版社有限公司、语文出版社有限公司、中国教学仪器设备有限公司、中国教育图书进出口有限公司等成员单位。主营各级各类各形态教育出版物的研发出版发行，以及教学仪器设备、教育图书的进出口贸易。年出版图书、报刊、音像、电子、数字等各类出版物两万余种。现有员工 4500 人。2012 年末总资产超 144 亿元，净资产 99 亿元，实现营收 63 亿元，利润 10 亿元。

党的十八届三中全会做出全面深化改革的决定，鲜明地提出市场在资源配置中起决定性作用的创新论断。中国教育出版传媒集团作为中央国有大型文化企业、中国教育出版龙头企业，认真贯彻落实三中全会精神，积极投身推进文化体制机制创新、深化教育领域综合改革的伟大事业，坚持“植根教育、弘扬学术、繁荣文化、走向世界”的宗旨，围绕建设全球领先的教育内容和教育服务提供商的战略定位，努力构建以优质内容资源为支撑的全媒体教育出版和教育服务体系，为办成人民满意教育、提高全民族素质贡献力量。

在新的一年里，我们将以三中全会精神为指导，全面深化改革，积极推进事业发展。一是加快推进股改上市工作。本着依法合规、公开公正、互利共赢的原则，力争年初完成引进战投工作。同时，着眼长远、立足现实，科学设计、论证募投项目，力争 6 月 30 日前完成上市准备工作，适时提交上市申请材料。二是不断挺拔教育出版和教育服务主业。加大投入推动精品内容研发，不断提升核心竞争力；一如既往地做好各级各类教材出版工作，不断巩固教材出版国家队、主力军的地位；做足教育出版大文章，适应教育领域综合改革的新变化，在工具书、学术著作及教辅图书等领域加大新产品开发力度，不断满足新需求；积极探索大众出版，不断推出更多的读者喜闻乐见的出版物。三是大力推进数字化转型升级。积极应对“教育大数据”时代的挑战，抓住国家加快教育信息化的重大机遇，整合内部优质资源，集成外部海量信息，适时设立数字学习公司，构建高起点的数字化资源集成和运营服务平台，大力推进转型升级，努力为教育信息化服务。四是积极推进物流改造整合。改造整合现有仓储物流资源，适时设立物流公司，为成员单位提供统一的物流服务，充分发挥规模效益，有效控制物流成本。五是积极开展海外业务。加快落实“走出去”战略，积极利用现有海外业务资源，适时设立海外子公司，建立国际营销服务网络，拓展国际合作领域，充分发挥两种资源两个市场的作用。

面对新的发展机遇，中国教育出版传媒集团将自觉地贯彻落实十八届三中全会精神，全面深化改革，推动科学发展，努力建设中国出版业有主导力的龙头企业、有竞争力的现代企业、有影响力的跨国企业，为推进文化体制机制创新、深化教育领域改革，为建设社会主义文化强国做出应有的贡献。

中国科技出版传媒股份有限公司

展科技新书　促学术发展

中国科技出版传媒股份有限公司（科学出版社）是中国科技出版传媒集团的核心子公司、中国最大的综合性科技出版机构，旗下拥有科学出版社、龙门书局、《中国科学》、《科学世界》等知名书刊出版品牌。公司非常重视北京图书订货会，统一组团参会，积极备货，精选了一批优秀著作上会展销，兹择重点推荐如下。

国家出版基金项目均有新品推出。《二十世纪中国知名科学家学术成就概览》最新推出能源与矿业工程、管理学、经济学、医学等 4 卷 5 册；《信息化与工业化两化融合研究与应用丛书》推出《信息化与工业化融合战略研究》《粒子群优化算法及其工业应用》5 种；《纳米科学与技术》推出《碳纳米管与石墨烯器件物理》《无机纳米光学探针的制备与应用》；《信息与计算科学》推出《后小波与变分理论及其在图像修复中的应用》《统计微分回归方程——微分方程的回归方程观点与解法》等 3 种；《地球观测与导航技术》推出《高光谱遥感影像处理》《空间数据挖掘理论与应用》等 3 种。《海河流域水循环演变机理与水资源高效利用》推出《海河流域生态系统演变、生态效应及其调控方法》《区域干旱形成机制与风险应对》2 种；《国医大师临床研究》推出《李玉奇学术思想及临床医案》《张琪方药传薪》等 4 种。

国家重点图书出版规划项目、国家科学技术学术著作出版基金项目、华夏英才基金等其他基金项目以及科学出版社品牌系列均有新作推出，其中不乏如《中国药用真菌》《分子克隆实验指南（第四版）》《新生物学年鉴 2013》《中国历史自然地理》等重量级著作。还有一些新的系列著作陆续推出，如《典型生态脆弱区退化生态系统恢复技术与模式丛书》《海河丛书》《世界生态人类学丛书》等。重点单品著作精品多多，如《普林斯顿数学指南》《中国生态区划研究》《土壤学大辞典》《DPS

数据处理系统（3卷）》《DirectX 11高级图形开发技术实战》，等等。

医学著作方面，由美国国立卫生研究院临床研究中心（NIHCC）组织编写，历经20年的不断修订，代表了当前临床研究实践国际最高水平的《临床研究规范和准则》首批4种重磅推出，对我国临床研究与应用具有重要指导意义。从Springer、LWW引进的医学经典著作、新书《手术解剖学（第3版）》《Danforth妇产科学（第10版）》等5种图书纳入《医学精品译著》系列集中推出。另有《中华麻醉学（第2版）》《妇产科病理学》《湘雅代谢性骨病学（上、下册）》《现代创伤外科学》（第2版）等多种原创著作推出。中医优势治疗技术丛书、画说中医系列丛书等新的丛书也陆续推出。

报告类产品全新出炉。诸如中国工程院编写的《中国战略性新兴产业发展报告2014》，中国科学院《2013中国新型城市化报告》《中国经济预测与展望2014》《2013工业生物技术发展报告》等。

科普类图书方面，《20世纪科普经典特藏》推出《奇妙的物理》，两位杰出的物理学家以科学家的眼光、精巧的构思和生动清晰的表达讲述了许多奇妙的物理学故事。中国科学院院士传记丛书最新推出《马大猷传》等4种。《混沌沿岸》推出《通向宇宙的三级阶梯：太阳，黑洞，暗物质之谜》。《可持续能源：事实与真相》则用生动的语言解释了高深的能源问题，是关心能源问题的读者无法绕过的一本能源科普。老多《贪玩的人类2：穿越百年的中国科学》借《贪玩的人类：那些将我们带进科学的人》市场影响强势入市，市场反响良好。

市场类图书方面，如社会上影响较大且每年推出的《大学评价与求学成才丛书》2014-2015版实用指南有3种，《中国自助游（2014全新升级版）》最新发布；《淘宝大赢家——网上开店完全自学手册》《彩色铅笔幸福小事》《英文亲子故事书》《网瘾是这样炼成的：认清不良网游的陷阱与黑幕》等一系列富有人文气息的新书将精彩呈现。

其余获全国优秀科普作品奖、文津图书奖、全行业优秀畅销品种的科普读物，以及获市场认可的《品味生活系列》《电影 英语 文化系列》《优秀大学生成长指南》《性别智商：职场男女相处的艺术》等市场类图书备货充足，也一并上会展销。

中国人力资源和社会保障出版集团有限公司

改革激发活力　创新驱动发展

中国人力资源和社会保障出版集团有限公司党委副书记
冯　政

2013 年 11 月，中国人力资源和社会保障出版集团有限公司正式挂牌成立。这是自 2011 年 1 月中国人事出版社和中国劳动社会保障出版社转企合并、设立中国人力资源和社会保障出版集团以来，体制改革工作取得的又一重大成绩和新的起点。面对出版行业日益凸显的大变革、大盘整、大融合发展态势，我们以集团公司成立为契机，正在组织编制新的“三年发展规划”，通过进一步加强资源整合和资本运作，有力促进集团公司产业升级转型，走现代出版发展之路。

我们推出了系统的改革措施，以期通过完善体制机制，激发各个层面的活力，集聚劳动、知识、技术、管理和资本的创造力，为集团公司持续健康快速发展提供制度保障。

一、推进子公司实体化运营。推行经理负责制，赋予各子公司独立经营权与市场主体地位，增强子公司的自主经营和自我约束能力。

二、探索股权多元化改革。对运营良好、保持 10% 以上利润率水平并有稳定盈利预期的子公司，在集团公司控股的基础上，逐步引入员工参股、外部投资，实现股权多元化，积极稳妥地推进股份制改造。

三、在编辑部室和有关生产部门推行模拟法人制度。实行单独核算，单独考核，条件成熟后剥离成立子公司。对推行模拟法人的部室给予一定的政策支持。

同时，为了营造踊跃创新的文化和氛围，建立健全提倡、实施、激励创新的制度体系，形成全方位、多层次的创新能力，通过全流程持续创新，提高发展质量和效益，提升市场竞争综合实力。

一、建立动态创新项目表，定期更新，推动落实。根据发展需要和市场、行业环境变化情况，围绕生产经营各个方面，以新业务领域拓展为重点，由集团公司和部室（子公司）两个层面提出创新项目，每年年初对创新项目进行集中审议，对项目进行动态更新。

二、建立科学的创新项目审议、评估系统，量化审议、评估指标。建立以目标结果为导向的创新项目审议、评估系统，从创新全过程中的投入、流程、产出、成果四个环节分别设定关键绩效指标，进行分段审议和评估。

三、建立合理、有效的创新成果激励机制和激励形式，激发员工创新热情。建立创新成果奖励机制，按照创新成果产生的效用和效益，对取得创新成果的团队和个人给予多种形式的物质奖励，并进行荣誉表彰。

我们将继续大力弘扬“崇尚创造、追求卓越”的企业精神，努力践行文化出版企业所肩负的积累和传承先进文化的职责与使命，把中国人力资源和社会保障出版集团有限公司建设成为“制度优势凸显、产业布局合理、产品与服务特色鲜明、经营业绩优异、品牌卓著”的具有国家水准的人力资源社会保障专业化龙头出版企业。

河北出版传媒集团

乘三中全会东风　建一流出版航母

河北出版传媒集团董事长、党委书记
杜金卿

党的十八届三中全会关于深化文化体制改革、加快建立健全现代公共文化服务体系和现代文化市场体系的决策部署，将极大地拉动全国文化产业新一轮高速发展。2014 年及未来几年，出版业将进入深化改革、加快发展和产业调整、转型升级的新的重要时期。河北出版传媒集团将借此东风，在连续五年高速发展、提前两年实现资产总额、销售收入“双百亿”目标的基础上，进一步深化体制机制改革，加快实施资源战略重组和股改上市，全力做强出版主业，推动产业转型升级和重点项目建设，不断提升企业的综合实力、核心竞争力和品牌影响力，努力由第一梯队向行业领军者目标迈进。

一是做强出版品牌。继续大力实施精品出版战略，借助现代化管理手段，创新选题策划、激励考核等工作机制，提高出版策划及营销能力，集中力量打造《北洋文库》等特色优势品牌以及在全国具有较强社会影响力和市场竞争力的名牌报刊。经过几年时间努力，形成一个具有广泛社会影响和市场效应的冀版精品出版物集群，以及 3-4 种发行量超百万份的名报名刊。

二是推进整合重组。依托雄厚的资本实力和市场影响力，探索并购重组电影动漫、广播电视、网络媒体等业务相近、资源相通的优质潜力企业，积极开展与电信运营、信息技术等行业的大型企业、科研单位的战略合作，实施多媒体、全产业链发展；加快在北京、上海、香港等经济文化发展高地设立分支机构，与当地企业进行产品、项目和资本等方面的合作，实现跨地区经营，抢占产业发展制高点。

三是加快股改上市步伐。把股改上市作为深化改革、推动发展的一号工程，加快完成上市辅导、募投体系建设等重点工作，推进北洋出版传媒股份公司尽快以崭新的面貌、出色的业绩登陆A股市场，努力打造以“数字化、全媒体”为特征，集现代出版、报刊传媒、印刷发行、影视动漫和物资贸易等为一体的一流上市文化企业。

四是转变产业发展方式。加快产业数字化转型，进一步加大基础建设、产品研发、平台构建、电子商务等重点工作力度，努力推出更多的品牌支撑项目和拳头数字产品，积极探索符合集团实际、特色鲜明的数字出版商业和盈利模式，形成具有较强竞争力和发展潜力的数字出版产业体系。

五是实施项目拉动战略。加快实施以20个重点项目为支撑、总投资200多亿元的“出版产业创新工程”，重点推进河北数字印刷产业园保定基地、Park118新传媒产业园、正定新区河北出版传媒创意中心等提升主业核心竞争力和推动产业转型升级重点项目。同时，围绕主业，发挥河北环京津、沿渤海的区位优势，谋划实施和储备一批产业拉动作用大、辐射带动性强、市场前景好的文化产业新项目、大项目。

争取再用5年左右的努力，把集团建设成为具备较强战略投资力、文化生产力、出版传播力和品牌影响力，总资产、营业收入均达到200亿元左右，跨媒体、跨行业、跨区域发展的现代出版传媒航母。

辽宁出版集团有限公司

坚持深化改革　履行责任使命
促进辽宁出版集团可持续发展

辽宁出版集团有限公司党委书记、董事长
李　刚

2013年，辽宁出版集团按照“十二五”发展规划纲要部署，坚持可持续发展这个主题，进一步巩固和提高了出版主业的质量和效益；进一步推动传统出版转型发展，数字出版取得了新进展；坚持调结构促转型，重点培育现代绿色印刷产业园项目，在完善出版全产业链的同时，为文化地产开发和深层次资本运作创造条件；坚持以项目为抓手，坚持多元发展，培育新的增长点；坚持深化改革、强化管理，创新完善体制机制。

2014年，是辽宁出版集团进入持续发展的重要之年。集团将认真学习宣传贯彻十八届三中全会精神，保持集团总体工作布局的连续性和稳定性，一张蓝图画到底，继续坚持把履行出版企业的文化使命和社会责任，出高品质的书、做高品质的人作为根本宗旨，着力做好以下工作：

一、继续坚持图书出版主营业务地位，巩固壮大图书出版主业。一是围绕中心，服务大局，出版一批重点图书。在学习、宣传习近平总书记系列讲话精神、巩固马克思主义在意识形态领域的指导地位、传播中国特色社会主义理论、实现中国梦等重大主题图书出版上积极作为。二是承担使命，履行责任，出版一批精品图书。在社会主义核心价值体系、思想道德建设、红色经典、先进历史文化传承等方面积极作为。三是服务读者、满足需求、抓好大众图书出版，努力增加常销书、畅销书销售份额，实现效益增长。四是继续抓好优质教材、教辅的出版发行，建设完善规范的发行渠道。五是整合优良资源，培育打造核心期刊。六是推动图书出版“走出去”再上新台阶，实现新转变。

二、继续推进结构调整和业态创新，带动产业转型升级。一是加大出版资源的开发力度。重点依托出版优势资源，整合各出版社的特色出版资源优势，拓展项目。二是加大传统出版向数字出版转型的力度，重点抓好顶层设计，选择确定运营管理模式，大力支持各出版社培育一批数字出版产品，实现转型升级。三是理清营销发行的发展思路，构建便捷、实用、有效的营销发行体系。四是完成绿色印刷产业园的建设，实现体制机制创新和技术、设备、环保的全面优化升级。

三、从三个方面着力，突破传统出版产业模式，通过多元发展，推动战略转型，打造全新的产业格局。着力推进出版企业基于文化创意和内容产业优势，加快与广电、演艺、电信、旅游、教育、体育等相关文化产业的融合发展；着力推进从项目经营向资产经营转变，整合各种资源，充分挖掘增值潜力，努力走出可持续增长发展之路；着力推进高新技术与资本市场的融合，带动出版及相关产业的转型升级。力争在以下方面有所作为：一是大力拓展新媒体业务，通过跨行业联合在影视制作、手机和手持移动终端内容开发及动漫、游戏等方面形成新的业态。二是利用出版优势，与文化管理部门合作，打造东北首家文化艺术品展示、鉴定、交易、拍卖、收藏平台。三是继续抓好绿色印刷产业园建设和全省市、县新华书店整合。

四、继续深化改革，建立并完善制度，提高管理水平。一是从提高管理层的素质入手，着力培养一支优秀的管理队伍。二是从建立和完善制度入手，提高执行力。三是逐步建立完善、便捷、高效的信息管理系统，使整个管理工作再上一个新台阶。

安徽出版集团

以改革创新抢抓三条产业线

改革创新既是十八届三中全会关于文化建设的总基调，也是安徽出版集团跨越发展的主动力。2014 年，文化产业将进入大技术、大数据交互融合的时代，资源与创意互动、文化与科技融合、服务与市场并轨将成为产业发展的主动力，以精品力作为核心的阅读欣赏产业、以嫁接应用为特征的创意衍生产业、以聚合辐射为目标的信息服务产业，将成为未来文化产业发展的风向标。安徽出版集团将继续坚持改革走在前列，注重创新谋在实处，推动壮大文化产业，引领做强出版主业，在多元产业中融入更多文化元素，抢抓阅读欣赏、创意衍生和信息服务三条产业线，辐射形成立体文化产业面，统合利用社会经济大格局，构筑综合性大型文化企业集团战略框架。

一、抓阅读欣赏产业，推进文化内容的生产开发。以拥有和购进内容资源和版权为核心，深耕纸质图书的生产、加工、开发。以打造“名社名家名编辑”工程为牵动，走“专精特新”道路，推出更多精品力作。以编辑培训为抓手，实施“精品期刊”工程建设，加快期刊子集团筹组。以精品带动为主战略，强化网络、微博、活动营销，提高一般图书市场占有率和在各大图书排行榜位次。以平台运营为主体，以科技创新和内容增值为两翼，打造数字出版运营生态体系，拓展新媒体电子书、互动阅读、移动阅读等数字出版，扩大市场有效覆盖，提高出版社会影响力，稳步发展数字出版。以内容资源为基础，以影视剧本创作和交易、影视精品投资生产为重点，组建影视文化平台，成立编剧中心，把优质出版资源转化为影视精品，推进影视产品跨越发展。

二、抓创意衍生产业，推动文化创意的嫁接运用。坚持大出版、大文化、大产业理念，深化文化创意的嫁接、推广和应用，形成从创意策划到开发、生产、推广及延伸服务一体化的新型产业链。以电子商务和现代物流为引擎，挖掘品牌开发，深耕衍生产业。以社会资本形式，通过收购兼并方式，进入教育培训产业，实现出版主业、报业传媒、酒店管理、旅游产业、商贸流通等与教育产业融合发展。整合优质资源，拓展艺术品生产经营收藏产业，开展艺术策划展览、艺术营销，介入艺术品收藏、投资、交易、拍卖。加大资金投入，推进自主电子商务平台建设，提高客户覆盖精度，实现精准营销，建设自由文化产品配送基地，加快发展电子商务和现代物流。

三、抓信息服务产业，促进文化产业的转型升级。跟踪大数据、大技术发展态势，运用科技手段，提高文化产品的创作力、表现力、传播力和影响力，推进文化与科技融合，提升产业层次。创新竞争模式，推进文化、服务、贸易产业集成，形成聚合效应，壮大产业实力，提高文化产业竞争力。打造“时光流影”网上海外文化交流中心，以引导性质的互动话题汇聚积累海量出版内容，形成按需印刷和自出版平台。加大高科技企业孵化和研发力度，开发“智慧城市”业务，建设医疗养生、养老和文化服务产业。强化版贸和对外文化交流，做大做强对外文化贸易和投资，放开手脚，把对外出版、国际出版做大做精，打造全球范围、全国最大、全年营运、全天候交易的图书版权交流和版贸合作交易平台，并积极争取设在上海自贸区的时代国际出版公司获得书刊进口资质。以海外实体为据点，扩大版权输出、国际合作出版、建筑智能化工程市场规模，深挖国际潜在市场，提高文化开放水平。

新华文轩出版传媒股份有限公司

心若远　创无界
文轩致力于建设中国一流文化传媒集团

文轩作为我国文化体制改革成果企业和第一家在香港上市的出版发行企业，自成立以来，不断深入推进公司的跨越发展，围绕“突出主业、超越主业”的战略思路，步步创新，开拓进取，以资本为纽带，在稳步发展主业的同时，积极发展相关文化产业，成功延伸到教育、影视、艺术等相关行业领域，初步构建了以出版发行为主业、多元文化产业同步发展的产业布局，形成了现代综合性文化传媒企业的雏形。

展望未来，文轩将充分发挥国有控股大型文化企业的骨干带头作用，通过构建产融结合的新型文化传媒集团，实现实业经营+资本经营双轮驱动的发展模式。

在实业经营方面，抓住科技与文化融合发展对产业重构之机遇，巩固和稳步发展出版发行主营业务，积极推进主营业务的转型升级，大力拓展相关文化产业，通过调整公司战略布局以及商业模式和业态的创新，以重大项目为抓手，为企业倍增发展提供基础支撑。

在资本经营方面，积极推动回归A股市场，探索文化产业领域内的金融投资模式，做大产业规模并分享文化产业高速发展和结构转型过程中的超额收益，为企业倍增发展提供强劲动力。

文轩将把推进公司的创新转型作为工作的重点，通过业务、管控架构的调整，制度的创新推进公司在以下三个方向的转型：

一、推进公司主营业务从实体出版产业向实体出版+数字出版产业的转型。通过建立与出版产业实体、数字二元结构相适应的公司业务架构和管控架构，推动内容生产、传播的数字化转型，实现实体业务和数字业务的协同发展。通过公司相关资源配置，调整和优化公司业态结构，建立并确保公司在数字时代的行业领先优势，实现传统出版发行企业向现代出版传媒企业的转变。

二、推动公司经营模式由产品销售的单一模式向产品+服务的多元模式转型。通过公司渠道发行业务商业模式的创新，推动传统渠道业务由产品销售渠道向服务平台的转型，在继续保持产品销售能力的基础上，围绕市场新的需求加强相关服务业态的开发，实现公司经营模式由产品销售的单一模式向产品+服务的多元模式转型。

三、推动公司经济增长方式由生产经营为主向产业经营+资本经营并重的转型，形成多元化的产业格局。充分发挥上市公司的资本优势，逐步改变公司传统的以生产经营为主的经济增长方式，实施产业经营和资本经营双轮驱动战略，产业经营为资本经营提供实业支撑，资本经营为产业经营提供跨越发展的手段，实现产业经营与资本经营的协同发展，形成多元化的产业格局。

近年来，文轩积极应对数字化挑战，稳步发展数字出版等新兴产业：打造文轩统一的数字出版平台，形成以数字版权经营、自有版权的数字产品开发销售为主的较为完整的数字出版商业模式；建设数字教育服务平台，引导数字教育产业发展，带动相关配套企业共同做大产业规模；积极应对出版业电子商务的发展趋势，加快文轩电子商务的战略布局，建设国内出版发行行业影响力最大的出版业电子商务与数字阅读平台等。经过近几年的不懈努力，一个蓬勃发展的数字产业集群已经初步呈现。

文轩立志做文化产业的战略投资者和整合者，做优秀的文化传播者，做优秀的文化企业公民。在中宣部、新闻出版广电总局、四川省委省政府等领导部门的关心及支持下，文轩基于现有的上市优势、体制优势、人才优势和网络优势，沿着出版传媒文化产业发展路径，进行出版产业链一体化发展、产业升级和相关产业扩张，积极向传媒、文化产业拓展，始终坚守建设一流文化传媒集团的战略目标和使命。

山西出版传媒集团

抓住机遇 锐意改革 全力开创山西出版新局面

——山西出版传媒集团2014年发展思路

2014年，山西出版传媒集团将认真贯彻落实党的十八大和十八届三中全会精神，紧抓中央全面深化改革的契机，以敢闯、敢试、敢干的勇气和决心不断突破创新、锐意改革，全面提升自身的改革创新力、核心竞争力和风险抵御力，开创山西出版产业的新局面。

集团将着重处理好“六个关系”，即：正确处理社会效益与经济效益的关系，坚持双效并重的总方针；正确处理质量效益与数量规模的关系，把握稳中求进的总基调；正确处理传统产业与现代产业的关系，把握转型升级的总方向；正确处理主业为本与多元发展的关系，谋划主辅并进的总布局；正确处理自办为主与多方协作的关系，把握合作共赢的总要求；正确处理当前利益与长远利益的关系，实现可持续发展的总目标。

具体而言，将重点做好以下几方面的工作：

继续深化体制机制改革。继续按照现代企业制度的相关要求，进一步完善党委领导与公司治理相结合的集团管控模式，不断优化集团党委会、董事会、经理层的议事规则、工作流程和决策机制。在此基础上，进一步改革完善绩效管理、人力资源管理和财务管理三大机制，逐步健全经营风险管理体系。同时，以山西新华书店集团为重点，积极探索股份制改革道路，支持山西新华书店集团开展内部互相参股、持股的有益尝试。

不断创新选题助推机制。逐步加大政策、资金、奖励的引导力度，通过对专项资金的调配使用，鼓励所属各出版社策划一批高质量、高品位、高文化含量的优质选题：一是继续贯彻执行《优秀晋版图书资助办法》，对获奖图书和“走出去”图书进行奖励和资助；二是继续抓好重大出版工程实施办法，对具有市场潜力和社会效益的大项目、好项目进行重点扶持；三是重视和逐步加大对有档次、有品位、有市场的优秀单本图书的资助和扶持。推动建立“常备选题库”和“作者资源库”，逐步建立起近中远三期入库选题及与选题配套的作者资源储备，打牢选题策划的资源基础。

全力打造重点出版工程。一是进一步推进原创教材开发工程、教辅图书全覆盖工程、大众读物畅销工程、学术出版创新工程、地方文化整合工程、版贸图书升级工程六大工程；二是全力做好《三晋文库》的编辑出版工作，打造当代山西的“四库全书”；三是尽快制定完善《图书出版“五个一”工程实施细则》，不断提高晋版图书的品牌影响力和市场占有率。

积极探索多元发展格局。一是做好晋版图书品牌战略规划，明确品牌定位、战略目标、战略重点、实现途径和保障措施，实现晋版图书品牌价值链的不断延伸；二是稳步实施“大文化产品”经营战略，推进各级新华书店在做好主业的同时，引入文化、影视、数码、休闲、餐饮等新业务，把图书卖场打造成综合性文化商城；三是鼓励集团物资供应单位向产业链上下游延伸，逐步拓展业务空间，通过向相关领域的扩张，以“大贸易”带动“大流通”，以“大流通”实现“大规模”，促进产业快速发展。

吉林出版集团

推进股改上市 做强主业 做大产业

吉林出版集团董事长、党委书记
刘丛星

吉林出版集团全面贯彻党的十八大和党的十八届三中全会的精神，把握国家文化出版产业发展转型期的重大战略机遇，深化体制机制改革，2013年吉林东北亚出版传媒集团有限公司和吉林出版集团股份有限公司相继获得批复，作为市场主体的母子公司体制全面确立。为了未来集团公司的发展，实现2014年是母子公司的元年坚实的起步，集团提出了未来五年的发展目标。

以构建现代出版传媒产业为核心，筹建吉林东北亚出版传媒产业园区，形成文化产业集群。今年吉林出版集团股份有限公司将率先进入产业园，形成具有图书出版、期刊创编、数字出版、多媒体设计、卡通动漫制作和信息管理六大功能的现代出版传媒股份公司。同时，推进母公司多元化发展，打造集现代物流配送、图书报刊培训、出版贸易交流、传媒产业运作等四项功能为一体的跨行业的区域文化产业集群。保障措施：自筹与引资并举，2014-2015年全面推进产业园基地建设。

以全面推进股改上市工作为核心，完成吉林出版集团股份有限公司挂牌，并筹备主板上市。按照《公司法》构建股份公司上市的现代企业管理体制，形成权力机构、决策机构、监事机构、执行机构之间权责明确、各司其职、有效制衡、科学决策、协调运作的法人治理结构。保障措施：2014年进入上市辅导期并提出上市申请；2015年至2016年筹备在主板上市。

以稳步可持续的效益增长为核心，坚持社会效益为首位，完成主流出版的转型升级。实现吉林出版集团股份有限公司进入国家出版传媒、国际版权贸易、图书市场和数字多媒体出版主流，完成大数据时代产业转型升级。保障措施：股份公司产品发展战略是专业化、大众化、集约化、规模化;产业发展战略是做强主业、产业开发、项目拉动、资源整合；新兴业态发展战略是启动数字出版、动漫出版、多媒体出版工程；资源整合发展战略是跨国别、跨区域、跨媒体联合重组；人才培养战略是培养专业人才、创意人才、经营管理人才、复合型人才；建立核心项目产品经理人制，打造畅销书、热销书和品牌书报刊，积极形成具有核心竞争力的产品结构和原创精品群，进入国家级重点项目、重点工程；保持图书市场占有率、动销品种占有率的全国前三位。

经五年发展，吉林东北亚出版传媒集团有限公司将成为资产管理、投资收益、产业开发中心；吉林出版集团股份有限公司将成为战略决策、投资融资、经营管理、项目策划、精品工程中心；集团各子、分公司将成为产品创意策划、生产管理、营销宣传、品牌创造、效益增长、团队建设中心，现代出版传媒企业全面建立。

改革发展转型三驾并驱 继往开来寻求持续发展

黑龙江出版集团党委书记、董事长、总经理
李久军

党的十八届三中全会对深化文化体制改革提出了新的更高要求。自成立以来，黑龙江出版集团年均利润增长36%，整体实力大幅增强，现代企业机制渐已成熟，在十八届三中全会精神指引下，2014年将努力进入新的发展里程。集团启动了13项战略规划，全方位优化发展格局。主要有三个方向。

一、重组改制，优化资产布局，涉入资本市场。一是实施股份制改造，明晰产权，整合图书、报刊、印刷、发行等传统业务板块设立股份公司。二是探索跨地区资本合作，通过灵活多样的资本运作，为进一步发展引入充足资金。三是持续完善现代企业制度，调整组织架构，形成战略中心、投资中心、数字中心、人才中心和市场开发中心，完善绩效体系，优化人才队伍，不断激发企业活力。

二、整合资源，深挖细分市场，挺拔传统出版。一是广泛实施出版项目，以项目为载体凝聚资源、激活队伍、带动出版，继续在民俗文化、美术技法、原创动漫、家装生活等领域保持出版优势，挖掘新的细分市场，推动龙版品牌书形成规模。二是力推主流教材教辅，填补市场空白，继续推进数字校园建设，力争在全国数字校园领域树立标杆，同时扩大教育出版产品体系，加大字典、图册、网卡、民族教材、幼儿教材等延伸产品的开发、推广力度，丰富利润结构。三是整合报刊品牌，探索成立期刊集团，进一步吸纳外部报刊资源，形成规模，依托《格言》品牌集中力量打造一批优势期刊产品，有效应对纸媒严峻市场形势。四是挖掘境外市场，依托在俄、韩分设机构，联合开发纪念二战胜利和中苏反法西斯统一战线等书刊产品，加快输出教材、辞书、名著等文化精品。

三、延伸路径，探索转型升级，寻求持续发展。一是大力发展东北网络台，突出新闻热点和资讯服务，强化技术优势，加强与各类机构合作，进一步增强东北网的影响力和整体实力，建设强势媒体。二是建设手机报平台，形成多板块、广覆盖的移动网络媒体，建成黑龙江省官方“第五媒体”。三是继续丰富数字出版资源，探索新的数字出版模式，跳出“内容提供商”的角色局限，打造一批优秀数字出版平台。四是完成图书配送中心建设一期工程,利用现代化智能物流中心，延伸书店网络触角，提高连锁化建设水平，同时依托大中型新华书店，引入多元文化业务，向文化商城转型，打造大型地标式文化中心。五是继续引入先进印刷设备，增强绿色印刷技术优势，建设大型数字化绿色印刷基地。

浙江出版联合集团

求真思变出好书　务实奋发创新业

浙江出版联合集团成立于2000年12月，以图书、期刊、音像制品和电子、多媒体出版物的出版、制作、发行为主业，兼营与出版产业相关的物资贸易、投资等业务。现有11家出版单位，3家全资子集团等，全资和控股法人单位共计120余家，各类从业人员8800余人。

2010年，集团总资产和总销售首次迈过了“双百亿”。预计到2013年底，集团资产总额达到136亿元，当年总销售额达160亿元，营业收入达108亿元，利润总额达7.5亿元，全年出书8600多种，各项经营指标创历史新高。

集团是历届全国“文化企业30强”和全国文化体制改革先进单位、全国新闻出版“走出去”先进单位、全国文化出口重点企业，集团所属各出版单位和三大子集团先后荣获多项国家级荣誉和称号。2013年6月13日，中央电视台新闻联播节目以“转企改制 出版集团打造文化航母”为题报道了集团近年来改革发展成就。

2014年，集团将深入学习、全面贯彻落实党的十八大和十八届三中全会精神，进一步弘扬“求真思变出好书，务实奋发创新业”的企业精神，以“坚持做强出版主业，坚守文化责任之道，坚定创新发展之路”为企业发展理念，立足“创新、增量、抓落实”，紧紧围绕科学发展主题，按照现代企业制度要求，全面深化改革，创新体制机制，增强企业核心竞争力、内生发展动力和集团控制力；坚持以人民为中心的工作导向，大力发展图书出版生产力，以多层次高质量多样化多载体的出版物，满足人民群众的文化消费需求；坚定建设“全国重要的数字移动多媒体出版企业”这一目标，切实做好服务社会、固本强基和创新发展三篇文章，着力破解转型升级、多元拓展、人才建设三大课题，力争基本完成集团“十二五”规划的各项目标任务，确保集团在全国出版第一方阵中的骨干作用和影响力，为实现中华民族伟大复兴的中国梦做出应有的贡献。

2014 年的重点工作：一是深入学习党的十八届三中全会精神，激发出版文化创造活力，坚持以人民为中心的工作导向，把社会效益放在首位，社会效益和经济效益相统一；二是提升出版能力，进一步不断增强核心竞争力和品牌影响力；三是加快推进“全国重要的数字移动多媒体出版企业”建设，进一步促进传统业态和数字出版融合；四是注重两个效益，进一步提升集团出版“走出去”水平；五是着力调整结构、拓展市场，进一步加快印刷业和物资贸易创新发展；六是以重大建设项目引领产业发展，进一步提高集团资产增值能力；七是完善体制，创新机制，进一步深化“三改一加强”；八是进一步加强制度建设、人才队伍建设和企业文化建设。

江西出版集团（中文传媒）

做大做强做优出版产业
打造全国领先现代文化产业集团

江西出版集团（上市公司：中文天地出版传媒股份有限公司，下简称“中文传媒”，股票代码：600373），销售收入和总资产已双双突破百亿元大关，总体经济规模综合评价位居全国出版企业第五位；近年来连续5次入选“中国文化企业30强”并先后被中宣部等四部委评为“全国文化体制改革优秀单位”、“全国文化体制改革先进企业”和“全国文化体制改革工作先进单位”，是江西文化产业的一面旗帜，是国内文化出版界的主力军之一。集团麾下的江西人民出版社、江西教育出版社、二十一世纪出版社、红星电子音像出版社等都是业内的“明星出版社”，一大批精品图书、期刊在国内广受赞誉，深受市场和读者的欢迎。

2014年，江西出版集团将在深入学习党的十八大和十八届三中全会精神的基础上，再接再厉，全面创新，不断延伸优化产业结构，提升规模经营效益，着力探寻现代文化企业的转型发展升级新道路。江西出版集团将坚定不移地实施“一业为主，多元支撑”的发展战略，打造“图书出版是旗帜、编印发供是核心、新兴媒体是方向、文化传媒是主业、多元发展是支撑”的产业格局。

图书出版。大力抓重大出版工程，提升品牌竞争力，走内涵式发展之路；明确定位，树立品牌，寻找规律，整合资源；做大做强出版主业，规模和效益双向并举，打造市场上有地位、有影响力的精品力作。

在2014年北京图书订货会上，集团旗下十家出版单位精心挑选了千余种思想内容好、艺术水平高、受广大读者欢迎的出版物参展。江西教育出版社出版的《纵横中国梦——一个学者的独特视野》，从面向世界、回顾过去、展望未来、关注个体等四个方面解析了中国梦；

二十一世纪出版社的《郑渊洁讲故事》系列是从郑渊洁六百万字的童话作品中精选出来的适合学龄前儿童倾听的作品构成，适合父母诵读给 2 ～ 6 岁的宝宝聆听；江西美术出版社的《历代名家书心经》系列将展示历代精品心经典藏；中国和平出版社出版的《中国人》系列是当代中国真实动人的写照；江西高校出版社的《苍山如海——井冈山往事》是“中国革命圣地”井冈山的文化读本，也是一部由诗人创作的具有审美历险意味的历史散文文本。

北京图书订货会期间，二十一世纪出版社将举办“麦克米伦世纪图画书大家读”第七届“名家荐好书、好书给中国”活动，为读者奉上滋养心灵的视觉盛宴，多届凯迪克奖得主尤里·舒利瓦茨（Uri Shulevitz）及威廉·史塔克（William Steig）等多位著名作家的精彩作品将一一为您展现。为纪念“超级笑笑鼠”出版五周年，二十一世纪出版社还将和作者晓玲叮当一起为您“打开想象和快乐之门”，带您遨游神奇而有趣的嘻哈镇。百花洲文艺出版将举办《2013 中国诗歌排行榜》首发式及诗歌朗诵会。

编印发供。江西出版集团旗下各家出版社正在不断提升编辑出版工作的数字和网络化水平。江西新华发行集团致力于转型升级，推进集约化经营和腾笼换鸟战略，采用数字及网络技术，大力发展电子商务和在线发行。同时加快由单一图书销售模式向体验营销模式转变，由传统书店向文化综合体转变，由单一实体店发行向在线发行与实体店发行联合转变。新华壹品的建设计划在全省首期开出 100 家门店，将更多更好的优质精神文化产品送到学校、社区。江西蓝海物流科技有限公司在加快数字化、信息化改造步伐，重点打造科技物流企业，向物流交易平台服务、生产供应链、保税物流、电子商务、货物代理等高收益率的业态转变。

新兴媒体。在完成“百分在线”的项目重组工作后，江西出版集团大力推动移动互联网项目并购重组。高度重视移动互联网产业项目的并购重组工作，尽快在在线教育、网络游戏、电子商务等方面实现重大并购项目的突破；积极发展互联网金融业务，尽快完成新媒体产业与互联网金融融合发展的产业布局；加快构建手机台业务板块，在完善手机台现有业务板块的基础上，加强手机台项目并购重组，积极发展手机多媒体传播、手机电子商务、手机在线金融和在线教育等业务板块，着力把手机台建设成为公司内容运营的重要平台。

文化传媒。江西出版集团投资打造的艺术品经营机构“集雅斋”业已成为本土艺术品经营龙头和业界行情风向标；江西美术出版社与北京东方博古公司成立北京江右翰墨文化艺术有限公司，正在探索出版与艺术品交融实现艺术品经营产业化的新路；中文传媒旗下的北京东方全景文化传媒有限公司去年在演艺经纪业务上取得新突破，成为创利新军。

多元发展。出版产业已经走向资本市场，在出版与资本融合的新趋势下，江西出版集团提出了一条“一体两翼，互动发展 ”之路。所谓“一体”，是指江西出版集团，“两翼”则是中文天地出版传媒股份有限公司和华章天地传媒投资有限公司（以下简称华章投资）。中文传媒重点是聚焦主业，华章投资将成为重要的项目孵化平台。华章投资将以文化新业态、文化金融投资、文化地产和资产经营为重点，努力用 3 年时间，形成对集团整体发展支撑有力的重要增长极。

“十二五”时期，集团将进一步认真学习贯彻党的十八大和江西省第十三次党代会精神，努力创新发展、优质发展、加快发展，朝着江西出版集团打造成为全国领先的现代文化产业集团迈进！

长江出版传媒股份有限公司

长江出版传媒深化改革的思路和举措

长江出版传媒股份有限公司总经理
周艺平

党的十八届三中全会是在我国改革开放35年来新的历史起点上召开的一次重要会议，长江传媒把学习宣传十八届三中全会精神作为当前的重要政治任务，特别是把学习会议精神与抓住发展机遇、解决发展中存在的突出问题、大力推进改革紧密结合起来，自觉用党的十八届三中全会精神统一思想、凝聚力量、统揽全局、谋划工作。今后将围绕抓五个关键词来研究部署重点工作，主要如下：

一、抓改革，深化体制机制创新，激发企业活力。向改革要红利，在去年三家试点单位改革的基础上，今年全面推开新一轮内部三项制度改革。以内部分配制度改革和人力资源管理创新为重点，推行员工薪酬总额、编制总额管理，完善经营管理班子业绩考核办法，实行全员岗位竞聘考核制度，从而形成深化管理人员能上能下、员工能进能出、收入能增能减的新机制。对不适应新产业发展的体制机制要重新设计，给足政策保障。鼓励各子公司围绕转型创新发展积极开展内部体制机制创新，推动各单位开展顺应改革需要、尊重市场规律、着眼战略目标的内部改革。积极试点管理层股权激励和员工持股试点工作。

二、调结构，优化发展路径，聚集转型能动力。调结构，就是要着力抓好如下几个重点：一是改变过分依赖教材教辅的收入结构；二是改变依赖省内市场发展的狭小市场结构；三是打破传统出版业态中单一性和同质化产品结构；四是摆脱存货居高不下的资产结构；五是完善目前知识、技能、专业偏重纸质出版的人才结构。调整的目的是调整我们的增长方式，提高发展效益和发展质量，对低于净资产收益率的业务进行调整或出售。通过资本注入、管理提升、业务重组等方式，积极推进“三跨”兼并重组，积极并购或参股、控股基础条件较好、有细分市场龙头潜质的影视、动漫、网游、手游、高新科技等文化战略投资商和资本市场看好的新型业务。谋求新的增长点和转型发展的支点，不断提高公司规模化、集约化、专业化水平。

三、促转型，推进数字出版，提高市场应变力。一是牢牢抓住湖北省教育信息化规划制定和实施这一重大战略性机遇，在教育出版的数字化方面取得突破，形成面向学校、教师、学生和家长的教育信息化综合服务平台。二是继续推进一般图书出版的数字加工运营平台建设和数字出版协同编纂平台，积极利用二维码技术和平台探索开发延伸服务产品，深度开发挖掘内容价值。三是全面推进出版、报刊、发行、印务等传统业务板块的数字化改造。四是加大新业态的资本并购，特别是在影视、游戏、动漫等新文化输出形态的新媒体业务领域开展实质性资产并购。

四、提质量，打造精品工程，夯实主业竞争力。一是严格有关质量管理制度，实行产品质量问责制度和一票否决制度。二是加大精品出版项目的投入力度，加大绩效考核中精品生产的权重，鼓励支持各出版单位、报刊集团更加自觉主动抓精品生产。三是更加主动地围绕全民阅读活动和重大政治活动，精心策划选题、进行产品开发和整合，特别是要在全面深化改革、“中国梦”、群众路线教育实践活动以及“荆楚文库”、“长江文库”等方面加大主题出版力度和文化价值出版力度，服务中心工作。四是继续巩固提升在文艺、少儿、美术三大出版品牌的全国影响力、市场占有率，支持湖北教育出版社向集团化的方向发展，支持长江少儿出版集团尽快做大做强做实。

五、保民生，深化群众路线教育，加强企业凝聚力。保民生，一是要按照群众路线实践活动的要求，在公司上下形成风清气正的良好氛围，优化企业发展环境，实现人心顺，思路顺，发展顺。二是提高员工幸福指数，确保员工收入和保障水平同企业发展挂钩，与企业效益的提升而同步提升。三是全面实行企业年金制度。四是加强企业文化建设，形成共同的奋斗目标和价值观，形成良好的内部人文氛围。

转型 转型

青岛出版集团董事长
孟鸣飞

伴随人类历史诞生而发轫的出版业，从来没有像今天这样以令人惊诧的速度幻变，以扑朔迷离的方式嬗变，以难以预料的业态跃变，对习惯了传统纸介出版的从业者们，不可避免地产生了战略迷思：出版究竟要向何处去？

挑战前所未有，机遇稍纵即逝。对于近年来发展迅速的青岛出版集团来说，面临的挑战更加艰巨：必须在战略上保持清醒和睿智，必须在战术执行上确保机制先行，全局优化。唯有这样，青岛出版才有明天。

我们的战略是：转型升级；我们的对策是：流程再造。

未来两年，我们要深入贯彻党的十八届三中全会精神，深化改革，加速发展。导向不要错，那是生命线。资本积累不能慢，那是综合实力的体现、活力的源泉、竞争力的标签。品牌积累要加速，那是百年大计，那是版权资产的基础，那是不同于同行的文化符号，那是文化影响力的载体。

未来两年，我们要继续探索、创新城市出版专业特色化发展的路径。有所为有所不为，有所不为是有所为的前提，有所为是时代赋予我们的出版理想。作为综合性的城市出版单位，要尽快找到市场定位，找到有所为的出版方向：那就是集中，集聚，集群。“集中”是要治理出版门类过散过乱、层次低、经营粗放的弊端；“集聚”是要集聚优质人力、物力、财力资源专注于主力出版，突出重点，敢打必胜；“集群”才是王道，“集群”才是出版主业矢志追求的目标：逻辑严密的产品线，结构优雅的产品金字塔，具有高度重组功能的内容资源库。我们认为，“三集”战略是科学发展观在出版产业上的充分体现。

未来两年，我们要继续推进富媒体建设，逐步建立以内容资源为基础的书报刊、电子、音像、网络多元立体出版体系。一次出版，多次售卖；一次出版，多形式抵达；一次出版，多业态呈现。牢牢把握住移动互联时代信息化发展的新动向，创新复制传播新模式，把传统出版融进去。

未来两年，要加快文化体验综合体建设，探索书店由单一图书卖场转型为图书、院线、画廊、培训、美食、陶艺等文化消费综合体的途径，由卖内容向卖服务转型。探索数字文化社区建设途径，向社区居民提供图书、资讯、报刊等基础文化服务。

转型需要高素质人才，转型需要机制创新，转型需要企业文化的包容涵养，转型需要上级党委和行业主管部门的引导和支持，转型需要党政工团妇各部门戮力同心，但归根结底，转型需要集团核心管理团队、核心研发团队保持头脑敏锐、思维迅速、反应机智，不断提升素质水平，持续释放激情和活力。

改革发展思路和举措

广西新华书店集团股份有限公司董事长　黄　健
广西新华书店集团股份有限公司总经理　李小勇

广西新华书店集团股份有限公司（以下简称集团股份公司）于2012年10月30日挂牌成立，是在原广西新华书店集团有限公司以及13个市新华书店有限公司基础上组建的，自治区人民政府直属的国有控股大型文化企业集团。集团股份公司现有子公司95家，员工3300余人，注册资金11亿元。

一、战略思路

注重三维立体式发展，一是横向培育文化产业生态：重塑书业生态，打造全新文化综合体业态，伺机进入其他外围产业。二是纵向整合教育产业链：前向延伸到教育培训业务，并引领广西教育发展之方向。三是通过现代网络技术探索区域发展之路：积极探索电子商务平台业务，打造立足广西，面向大西南和北部湾经济区的未来核心业务。与此同时，要继续围绕“一线四点”开展集团化经营管理工作。“一线”是指推行集团化建设和现代企业管理制度；“四点”是：“守住赢利点、扩大增长点、消灭亏损点、寻找转型点”。

二、主要举措

（一）做好教材、教辅、一般图书主业和其他辅业经营工作。

1. 力争教材教辅业务整体突破。在中小学、大中专教材的核心业务上，要顺势应变，抢抓机遇，加强政策研究，稳固公共关系，做好服务工作，争取更多的政策支持，在保稳定、促增长的基础上力争再上新的台阶。与此同时，要探索教材教辅业务向数字传媒领域延伸突破。

2. 完善连锁经营体系，推动门店经营业态转型升级。2013年，集团股份公司加盟连锁的子公司总数达到61家。今后，要继续扩大和完善图书连锁经营体系，创新优化业态结构，全面实现全区连锁经营和销售总额的连年突破;与此同时，要深入推进“卖场再造”的战略规划，以桂林书城和平南书城为示范点，积极打造体验式、休闲式文化商城，推动一般图书销售的增长。

3. 加大辅业拓展力度。一是调整经营思路，开源节流，创新广西新华大酒店餐饮业务运营模式，积极拓展旅行社业务。二是重视信息化管理系统的应用，广西新华恒通物流有限公司进一步优化物流流程，提高了服务质量效率。三是集团股份公司总部以及各市、县子公司全年物业租赁收入比上年同期增长35.5%，是辅业经营的最大亮点。

（二）整合教辅出版发行资源。

2013年10月19日，集团股份公司联合广西出版传媒集团有限公司、广西师范大学出版社集团有限公司，组建了广西新华朗文教育图书贸易有限责任公司。

（三）建设和运行企业资金统一管理平台。

集团股份公司制定了《集团股份公司资金集中管理办法》和《集团股份公司资金集中管理实施方案》，并于2013年10月份搭建了资金集中管理平台，与工行、农行、建行分别达成战略合作。

（四）推进文化商业地产重点项目建设。

这些项目包括“广西新华文华城”、“广西图书发行学校新校区”、“中国—东盟文化产品物（出版物）流园区”等若干个有规模、有价值、有效益的重点项目。

（五）开拓教育培训市场业务，构建新的经济增长点。

大社名社特色社
2014改革发展方略

人民出版社

一体两翼　改革创新

2014年，本社工作要以党的十八大、十八届三中全会精神和习近平同志8.19重要讲话为指导，认真贯彻落实全国宣传部长会议和全国新闻出版广电局长会议精神，坚持“二为”方向、“双百”方针，围绕中心、服务大局，以建设社会主义核心价值体系为根本任务，以满足人民精神文化需求为出发点和立足点，进一步深化体制机制改革，认真做好出版工作。将在出版发展战略规划、改革措施和创新手段等方面下大力气做好文章。

发展战略规划：本社确立“一体两翼”出版发展战略规划。“一体”是以出版马列经典著作、党和国家领导人著作及政治理论读物为中心。2014年，本社将出版《马克思恩格斯全集》第二版、《列宁全集》第二版增订版、《马克思主义经典作家文库》等马列经典著作的出版发行工作；推出《贺国强党建工作文集》等党和国家领导人著作；重点做好“邓小平同志诞辰110周年”“中国特色社会主义核心价值体系建设”“建国65周年”等主题出版，“两会”文件与读物以及相关政治理论读物等出版工作。“两翼”是指做好优秀学术著作与通俗畅销读物的出版。本社将按照学术著作出版规范要求，全力做好重点学术与理论图书出版。结合国家“十二五”规划重点图书项目，紧密配合“走出去”战略，认真做好《清史》出版工作，重点推出《马克思主义经济思想史》《中国哲学思潮发展史》《中国地域文化史》《中国道教史（五卷本修订版）》《中国哲学通史（五卷本）》《中国灾荒通史》《中华大典·政治典》《孙中山全集（15卷）》等一大批重点精品学术图书。为适应读者和市场需求，大力做好通俗畅销读物出版。将重点推出《理论热点面对面·2014》《新大众哲学》等一批在全国有影响力，能上排行榜前列的通俗畅销图书。

改革措施：一是建立健全内部管理体制机制，提升科学化管理水平。进一步健全“编印发联动机制”与“质量监管长效机制”、创建图书选题发行评估决策机制、优化出版发行岗位绩效考核机制等。二是以深化群众路线教育实践活动成果为契机，进一步建立健全各项规章制度，实施精细化管理，提升综合管理水平。拟在 2013 年群众路线教育实践活动中整理修订的系列规章制度基础上，结合 ERP 系统平台的优化完善，进一步优化管理职能，调整管理思路，改进管理方法，实施精细化管理，降低管理成本，提高管理效能、效率。三是推进人才机制改革，创新人才引进与培养模式。拟结合关键岗位特点，公开向海内外招聘数字化、版权输出、经营管理等高端人才。四是加强公益性出版单位改革发展战略研究，拟新组建战略发展部。为本社更好发挥公益性作用做好战略谋划、政策研究、品牌建设。五是从改革入手，按照“全社参与、重点突破”的原则，创新数字出版体制模式。拟成立人民出版社数字出版分社。策划短版学术图书按需印刷。六是人民东方出版传媒有限公司启动数字出版业务，创设分支机构，努力拓展海外市场，积极探索股份制改造工作。

创新手段：一是继续建设好“中国共产党思想理论资源数据库”项目，进一步做好党政图书馆的推广使用工作。以推广应用已有建设成果为重点，高标准高质量执行好财政预算。下大力开拓市场，构筑具有本社特色的经营模式，实现盈利翻番。今年力求党政图书馆的年销售收益超过五百万。二是开展多媒体电子书制作业务和流程的建设。发动全体编辑人员参与，学习掌握新的编辑形式，试行开发多媒体电子书，创造出新的出版物模式。全面服务于我社全媒体全流程战略的实施。三是推动实现重要著作文献移动数字出版。启用已经开发的软件平台，上半年实现部分电子书上移动互联网传播。四是利用本社出版优势与特长，拟建立全国社科学术数字图书馆。在未来 5 年内以本社图书资源为核心，整合全国社科学术精品名著，创建“人民出版知识资源数据库”。五是推动全社期刊数字化出版，提升品牌影响力。加快《新华文摘》数字平台建设，适时推出《新华文摘》网，推动匿名审稿机制建设。科学整合《新华月报》《人物杂志》《人民艺术家》等资源，实现期刊资源增值。

生活·读书·新知三联书店

坚持深化改革　实现跨越式发展

生活·读书·新知三联书店是以出版人文和社会科学图书为主的综合出版社，出版物涉及哲学、历史、文学、艺术、经济、政治、法律和社会生活等领域，是我国历史悠久的老字号品牌出版单位。其前身是邹韬奋等于20世纪三十年代创办的三家出版发行机构——生活书店、读书出版社、新知书店。1948年三家在香港合并，成为生活·读书·新知三联书店（简称三联书店），1951年并入人民出版社，仍保留生活·读书·新知三联书店的名义，作为人民出版社副牌。1986年1月恢复独立建制。2002年4月加入中国出版集团，2010年7月随中国出版集团公司改制为企业。目前旗下有学术出版分社、文化出版分社、大众出版分社、综合出版分社、专题项目部、对外合作部六个图书出版部门；《读书》、《三联生活周刊》、《爱乐》和《新知》四种期刊；三联书店（上海）有限公司、北京三联韬奋书店、生活书店出版有限公司等分支机构，员工总计290余人。

2010年以来，三联书店紧紧抓住推动社会主义文化大发展大繁荣的重要发展机遇，认真学习和贯彻落实党的十八大精神和党的十八届三中全会精神，提出了以改革发展统领全局，全心全意谋发展，坚持传统特色，坚持做强做开，坚持书、刊并举，正确处理事业性和商业性的关系，努力提高社会和经济两个效益的发展思路，确立了品牌发展、人才队伍、企业文化建设三大战略。在弘扬优秀文化、提升品牌影响、整合优势出版资源、创新经营管理模式、打造优秀企业文化等方面取得了令人瞩目的优异成绩，获得了全国百佳图书出版单位、中国出版政府奖先进出版单位、全国新闻出版系统先进集体、中央直属机关文明单位等重要奖项。同时，经济实力明显增强，经济效益显著提高，2013年1至11月份，销售收入达到2.32亿元，同比增长17%，实现利润5200万元，同比增长20%，在不断深化改革中实现了跨越式发展。

一、坚持正确的文化理想和文化追求，倡导主流价值取向，主业突出，产品质量上乘。三联书店始终坚持正确出版导向，坚持与党的事业发展相同步，与社会进步的要求相适应，宣传先进的思想理论，弘扬高尚的价值追求，倡导文明的道德风尚，杜绝平庸和低俗，自觉围绕中心、服务大局，坚持“新锐一流”标准，不断推出精品力作。近三年来，推出《邓小平时代》、《三联经典文库》（第一辑）、《金克木集》、《王世襄集》、《中国经济改革二十讲》、《剑桥中国文学史》、《陈寅恪的最后二十年（修订版）》、《目送》、《巨流河》、《鲁迅箴言》等精品力作，屡获殊荣。《邓小平时代》被誉为推动改革深化的力作，获得2013上半年新浪中国好书榜“十大好书”第一名、第三届北京阅读季活动评“十大影响力图书”第一名、第十四届深圳读书月“年度十大好书”第一名；《中国经济改革二十讲》获得第八届国家图书馆文津图书奖第一名；《鲁迅箴言》获得亚太出版商联合会图书奖金奖、德国莱比锡最美图书银奖等，一大批好书在读者中产生广泛影响。《三联生活周刊》、《读书》不断推出佳作，在同类期刊中处于领先地位。

二、大力实施品牌战略，三联品牌影响力显著提升，彰显出品牌集群效应。2010年起，生活·读书·新知三联书店与上海三联书店、三联书店（香港）有限公司强强联手，召开每年一度的京沪港三联高层年会，共同发表出版宣言，打造“大三联”品牌；以美术馆东街22号编辑综合业务楼为依托，建设包括读者俱乐部、书香巷、韬奋图书馆、北京三联韬奋书店在内的“三联文化场”；在台湾设立生活·读书·新知三联书店特约经销店和销售专柜，扩大三联版图书在海外的影响；首创国内社店战略合作联席会模式，与江苏、青岛等七省四市建立战略合作联盟，在宁夏、黑龙江、辽宁等地设立图书零售店，将品牌影响力向发行下游延伸。2012年7月，三联书店创建八十年庆祝大会在人民大会堂隆重召开，成为国家层面文化庆典，党和国家领导人胡锦涛、习近平、李克强、刘云山等以不同方式予以祝贺，社会影响空前扩大，三联品牌影响力显著提升；2013年5月创办《新知》杂志，使三联书店合并前的生活书店、读书出版社、新知书店各自拥有了以自己名字命名的刊物，三联品牌刊物实现大聚首；经国家新闻出版广电总局批准恢复设立“生活书店出版有限公司”，2013 年 7 月开始正式运营。至此，三联书店旗下目前拥有三联书店、生活书店、《读书》杂志、《三联生活周刊》、《新知》杂志、三联国际公司、三联上海公司等出版品牌，品牌集群效应进一步彰显。

三、锐意进取，开拓创新，深化内部体制机制改革，激发出版生产力和创造活力。近三年来，三联书店不断探索适应新的市场经济形势下的管理和运营机制，改组编辑部门组织结构，成立了学术、文化、综合、大众等出版分社，各分社独立核算，建立了责、权、利相统一的经营管理机制，这是三联书店基于“做强做开、加快发展”战略考量而实施的重大体制创新，对调整全店选题结构、明晰图书产品线、培养人才队伍、形成新的管理机制、促进长远发展都具有重要意义，2012 年分社制正式实施，极大地解放和促进了图书出版生产力，当年出书品种比上年增长 35%，有《暴风雨的记忆》、《拾年》、《傅斯年》、《新论语》、《不朽的林泉》、《经典通识讲稿》、《李瑞环谈京剧艺术》等一批好书问世。图书营销中心开始实行承包制，发行人员工作积极性大大增强，2012 年发货码洋达到 2. 125 亿元，同比增长 15. 66%，发货率达到 101. 54%，回款 1. 14 亿元，同比增长 63%。三联书店还结合转企改制，建立了以岗定薪的企业薪酬体系。此外，在干部选拔聘用、人才引进方面也进行了探索和改革。一系列的改革创新，促进了社会效益和经济效益的显著提高。2010 年到 2012 年三年中，全店销售收入、利润年平均增长分别达到 18% 和 36%。

四、深刻理解党中央大力实施文化“走出去”战略的重要意义，采取切实措施贯彻落实，取得明显效果。一是由三联书店发起，和上海三联书店、三联书店（香港）有限公司共同投资组建成立“三联时空国际文化传播（北京）有限公司”，实现了出版界首次跨地域的实质性合作，充分利用国际国内两个市场、两种资源，加大“文化走出去”步伐；二是努力加大对外版权输出力度，近几年输出版权数十种，其中中日双语版《鲁迅箴言》，已在国外出多种版本。原创漫画《伤痕》

输出欧洲，将推出法语、德语、西班牙语、意大利语等六种语言版本，产生重要国际影响。三是支持成立“台北生活·读书·新知三联书店”，建立战略合作关系，扩大三联品牌和三联版图书在海外的影响力，进一步拓展海外发展空间和销售市场。

五、重视企业文化建设，构建文明和谐单位。三联书店非常重视领导班子建设和党的建设，制定了《关于加强三联书店领导班子建设的决定》，领导班子坚强团结，作风廉洁，坚持民主管理、以人为本的优良传统，管理规范，制度健全，关注员工切身利益，在经济效益保持增长的前提下，连年提高员工收入和福利待遇，“让三联员工生活得更幸福更有尊严”的企业文化建设目标正在逐步落实。广大员工展现了爱岗敬业的良好精神风貌，表现出强大的企业向心力和凝聚力，一批员工在行业各项评比中受到表彰，企业被集团公司评为企业文化建设先进单位和模范职工之家。三联书店还热心公益，投资 200 万元建立了国内第一家由出版社主办、面向公众开放的公益性图书馆——韬奋图书馆，捐建江西省余江县韬奋书屋，捐建云南彝良地震灾区的云落希望小学，开展出版援疆，与新疆塔县新华书店结成帮扶对子等，为社会文化教育事业的发展积极做出了自己的贡献。

北京大学出版社有限公司

专注教育出版与学术出版

北京大学出版社有限公司总编辑
张黎明

当前整个出版产业正处在高速变化之中，我社面对挑战，分析形势，重新思考并坚定了自己的发展定位：恪守“传播知识，积累文化，繁荣学术，服务社会”的办社宗旨和“教材优先，学术为本，建设一流”的经营方针，以教材出版为核心，以学术出版为根本，以打造立体化、网络化精品教材和学术精品为主线。一句话，北大社要专注教育出版和学术出版。

总的来说，首先要主动控制出版规模，优化选题结构。2014 年新书品种控制在 1900 种左右，并努力争取压缩至 1800 种，向单品种要增长、要效益，维持教材、学术图书品种比例分别在 45%、30% 以上。

就图书板块而言，我们分别研究并确定了几个板块的发展策略：

一、强化教材出版特色，全力打造立体化的精品教材体系。 全面梳理我社教材产品线，了解竞争对手的产品线建设情况的基础上，重新设计一套核心品牌教材作为主打产品线，打造“博雅”（本科）、“未名”（高职高专）品牌。这套核心品牌教材将会是我社未来的教材营销重点，不但在作者的权威性、定位、内容特色、编写体例、篇幅、装帧设计风格等上有明确统一的要求，而且要求形成立体化开发，把传统的单一纸质教科书扩展为包括纸质教科书、教学视频、电子图书、电子教案、课件、试题库、网络课程、资料库等要素在内的立体化教材概念，以适应教育改革和信息技术与网络技术在教学过程中得到广泛应用的趋势，为教学提供整体解决方案，促进优秀教学资源有机整合与合理运用。

二、以各类国家基金项目为抓手，带动学术出版繁荣发展。2014年，我社的学术出版工作将以国家“十二五”重点图书出版规划项目、国家出版基金项目、国家社科基金项目、国家古籍整理出版资助项目和北京市社科基金项目的出版实施为抓手，辅之以其他高水平的学术著作，通过出版资源的合理配置和整合，重点推进原创人文学术图书的特色建设，实现出版社学术人文产品模块的整体发展格局。在此基础上，进一步拓宽思路、拓展优秀的作者队伍，努力优化选题、挤压平庸书空间，不断提升我社学术书的品质，保持出版社在学术人文产品出版上的领先地位和学术影响，为我社的教材出版保驾护航。

与此同时，以学术为依托，以生动活泼的语言风格、大众喜闻乐见的形式出版一批优秀的学术文化普及读物，陶冶人们的情操，增进文化知识的积累，传承和发扬人类文明成果，提升大众的文化品位，这既是出版社的重要使命，也是出版社扩大市场机遇，更好生存和发展的希望所在。

三、优化大众出版资源，突出重点，体现北大社的品位。北大社对大众出版大致有四方面的要求：一是要符合北大出版社的品牌形象，内容健康，对北大社的市场品牌有正面影响；二是减少平庸之作，抵制低俗之作，杜绝粗制滥造；三是虽然作者或编者不限于高校或学术机构教学研究人员，但必须有较高的文化水平、文字表达能力；四是预计有较大的市场销量。基于上述要求，北大社瞄准的大众出版主要集中在以下领域：经管培训、文化读物、人物传记、家庭教育、青少年读物、科普读物、各类考试用书等。

2014年是“十二五”规划的关键节点，也是北大社发展过程非常重要的一年，我社将积极提升“北大出版”的品牌影响力，积极配合北京大学建设世界一流大学的步伐，为早日将北京大学出版社建成世界一流的大学出版社奠定坚实基础。

人民军医出版社

继往开来　再创辉煌

人民军医出版社社长兼总编辑
余化刚

人民军医出版社成立于1950年10月，是新中国成立最早的医学专业出版社。前身可上溯到红军时期的《红色卫生》杂志和抗日战争时期的《国防卫生》杂志，毛泽东主席曾三次为之亲笔题词。十大元帅中有五位先后为出版社题词勉励。1994年江泽民主席为出版社亲笔题词，对出版社建设给予了巨大关怀。

60多年来，人民军医出版社不断成长壮大，已发展成为集图书、期刊、音像、数字出版为一体的综合性医学专业出版社。先后被评为“首届中国出版政府奖先进出版单位”、“全国百佳图书出版单位”、“全国科普工作先进集体”等。

2013年，人民军医出版社坚持以科学发展观为指导，大力推进出版转型，各项工作取得新的成绩。继2007年首次获中国出版政府奖之后，再次入选“第三届中国出版政府奖先进出版单位”，并被评为“全国数字出版转型示范单位”、“数字出版创新企业”。有多种作品荣获“第四届中华优秀出版物奖”和“第十二届输出版、引进版优秀图书奖”。主办的《解放军医学杂志》被评为全国“百强科技期刊”。在“首届解放军出版奖”评选中，人民军医出版社获得所有6个奖项。

2014年，人民军医出版社将深入贯彻党的十八大和十八届三中全会精神，紧紧把握全面深化改革的时代脉搏，抢抓机遇，迎接挑战。坚持以质量效益为核心，以改革创新为动力，按照“稳规模、调结构、促转型、强特色、创品牌、增效益”的总体思路，进一步转变发展方式和发展重心，坚定不移地走内涵式可持续发展道路，全面推进出版转移升级。一是坚持正确出版方向，进一步加大为部队和战备服务的力度；二是强化品牌效应，着力打造一批经得起市场检验的精品力作；三是推动出版业态创新，加快数字化出版转型步伐，全面完成“国家医学电子书包”等重大数字出版项目；四是积极开展国际合作，大力实施走出去、引进来出版战略，努力提升参与国际化竞争的整体实力和水平；五是加强人才培养，建立一支结构合理、素质过硬的专业骨干队伍；六是推进管理改革创新，建立完善与新形势相适应的管理模式和运行机制。

新的一年，新的起点，新的征程，新的希望！面对建设社会主义文化强国的宏伟蓝图、面对全面深化改革的全新部署、面对人民群众日益增长的精神文化需求，我们将牢记使命，锐意进取，向着更辉煌的明天奋勇前行！

人民邮电出版社

春华秋实一甲子 砥砺奋进谱新篇

在刚刚过去的2013年里，对人民邮电出版社来说有三件大事：一是顺利乔迁新址，办公环境得到显著改善。二是以简朴而隆重的方式喜迎社庆60周年，展示了邮电出版人积极进取的精神面貌。三是根据工信部部署，与电子工业出版社共同组建了中国工信出版传媒集团，为出版社未来发展搭建了更高更广的平台，揭开了出版社改革发展新的一页。

2014年是我社全面推进能力建设，确保实现五年发展战略规划目标的关键一年。全年工作的总要求是，深入学习贯彻党的十八届三中全会精神，适应市场变化，抢抓发展机遇，坚持改革创新，释放发展活力，提高发展质量，筑牢发展根基，为全面实现五年发展战略规划目标而奋斗。重点做好以下工作：

一是进一步明确发展定位。历史的经验告诉我们，只有紧紧依托行业的背景优势，充分利用产业发展带来的新机遇，开发出适应市场需要的特色产品，发展才是健康的、良性的、可持续的。因此，服务于工业化和信息化，仍将是我们未来发展的主体定位。

二是狠抓出版能力建设。无论未来的媒体形式如何演变，出版能力仍将是一个出版企业参与市场竞争的核心能力，包括优质资源的挖掘能力、内容的整理加工能力和产品的营销能力。当前，我们要着重抓好这三大能力的建设，进一步优化选题结构和出版领域，使出版资源、编辑力量、印制能力、发行优势等形成合力，做深做透做优传统出版，不断形成新的竞争优势，不断为社会、为读者提供更加优秀的精品力作。

三是积极应对业态变化，探索转型发展之路。今天，我们处在一个信息时代，信息消费已成为人们生活、工作的重要组成部分，逐步由传统出版向传统出版与数字出版融合发展是未来出版业发展的必由路径。我们要紧紧围绕读者在数字环境下的需求特点，从提升优质资源的挖掘能力、内容的整理加工能力和产品的营销能力入手，通过基础性和引领性项目，着力研发知识服务、信息消费的数字出版产品，探索建立数字化时代出版业生产经营的有效模式。

四是继续深化体制机制改革。企业发展的活力，仍需要通过深化改革来加以释放。改革的重点是通过资本的引入完善法人治理结构，通过管理体系的完善提高运营的效率，通过机制的创新进一步调动员工的能动性，形成发展有持久力、产品有生命力、员工有创新力的良性发展生态。

五是抓好核心人才队伍建设。出版属于创意产业，能否引进、培养、造就一批高素质的创意性人才，是企业发展的关键。我们将着力描绘一幅吸引人才的宏伟蓝图，营造一个培养人才的良好氛围，搭建一个造就人才的成长平台，不断提高人才的素质，为企业发展打下坚实的基础。

六是以开放的心态谋求合作，做大出版格局。我们正置身于一个文化大发展、大繁荣的时代，各种社会热点都在文化领域交集、碰撞，要顺应出版业态的变化，以开放的心态，聚合资源，广泛合作；要放眼世界，加大“走出去”的力度，真正把出版社发展融入文化强国的建设中去，努力争取社会各界的支持和帮助，不断扩大品牌的社会影响力，不断增强现代出版企业的文化发展力。

2014 年，我们站在了新的历史起点，即将翻开新的发展篇章。我们要认真总结六十年的发展经验，继承发扬邮电出版人勇于拼搏、大胆创新的优良传统，紧紧围绕创建国内一流国际著名的现代出版企业这一奋斗目标，依托中国工信出版传媒集团的发展平台，依托行业优势，提高为走新型工业化道路的服务能力，把发展数字出版作为发展机遇，积极推动转型升级，不断取得事业发展的新突破。

就在本文截稿时又传来喜讯，我社 2013 年销售喜获丰收，全年出版物销售码洋达 11.5 亿，业务收入超过 7 亿元，同比增长 13% 以上。

外语教学与研究出版社

加快融合 谋求跨界 实现互联网时代的二次创业

外研社曾经的成功，正是因为我们常常走在时间的前面自我变革，或者说，我们的发展与时代变革保持了同步。三十多年来，外研社的每一次跨越式发展，都是顺势而为、自我变革、自我突破的结果。未来一段时间，将是外研社改革的关键时机，进则柳暗花明，退则无据可依。

从产业角度来看，新的信息技术引发的产业革命方兴未艾；从政策角度来看，十八届三中全会将为文化出版产业带来又一轮巨大的变化。面对如此浩荡的变革洪流，想置身事外断无可能；唯有自我革命、二次创业，才是企业生存延续的必由之路。

新的一年，外研社将坚定发展是解决问题的关键这一战略判断，进一步解放思想，转变工作思路，捕捉每一个发展契机。一是要解放思想，走出自己所熟悉的“舒适区域”，不断发掘新机会，摸索新方向。更好地配置资源，以更包容、更开放的组织心态与更灵活的体制机制释放蕴含在内部的巨大潜能。二是要越界融合，将实体领域与虚拟领域打通，做到出版、科技、文化、教育融合发展。行业的边界正在打破，要借助资本的力量撬动企业做大做强。三是要协同创新，重塑业务边界，鼓励资源共享，增强协同意识。更好地设计相关制度，让合作、竞合、协同思想真正内化为企业的文化基因。四是要自我驱动，学习互联网思维，充分调动和发挥人的作用。在企业与客户之间建立新型关系，维系相互需要的情感联系。

2014 年，外研社将重点做好以下四个方面的工作。

第一，倾全社之力，构建完整阅读体系。加速建设完整的“阅读研究－阅读产品－阅读推广－阅读服务”四级体系，发扬“跨界”精神，实现教育、科技、文化多元融合，从语言教育出版到多学科、多领域出版，从图书阅读到数字阅读、移动阅读，从理念上、行动上、效果上全面引领阅读市场。

第二，全面推进外研社解决方案系统建设。坚持市场导向，强化客户意识，加快从“出版”到“教育”转型，全面推进各阶段针对机构和个人的解决方案的形成，坚决落实本地化试点、数字化建设、国际资源整合等关键性工作，做最懂“教育”的教育服务提供者。

第三，推动外研社在教育服务领域的产业实践。加大对教育、办学等一线领域的研究和实践，延伸外研社在大教育产业链条中的位置，注重与国内外各类优质教育资源的合作，追求共赢。积极把握教育改革脉搏，倡导真正的“创新”与“人文”教育。

第四，着力探索特色文化创意产业实践之路。跨界合作、开拓创新，最大化地利用和释放外研社原本在语言、教育、出版中积累的资源能力，实现资源增值，以资源聚集者、平台运营商的姿态屹立于文创界。“涉外”、“国际化”将是外研社跨界融合的特色与亮点。

中国建筑工业出版社

立足专业 面向市场 创新服务

2014 年中国建筑工业出版社将迎来六十华诞，60 年来，建工社始终肩负着弘扬建筑文化、传播建设科技的社会责任和历史使命，坚持专业化出版道路，为社会、为行业、为读者奉献了两万多种优秀出版物，形成了鲜明的品牌特色。转企以来更是不断改革创新、锐意进取，近三年销售收入、利润年均增长率都超过 10%，在新起点上开始了新的发展征程。2013 年，建工社被国家新闻出版广电总局评为首批“数字出版转型示范单位”。

在新的一年，建工社将继续立足专业，拓展相关领域，发展关联业务，进一步巩固主业，提升品牌影响力。围绕建设美丽中国、新型城镇化、生态文明等方向，不断调整和优化选题结构，计划出版新书约 1400 种，重点推出 12 项重大出版项目。其中，“十二五”国家重大出版工程《中国古建筑丛书》，以省（区）为单位进行编写，共 35 卷，系统论述我国各地区古建筑发展和各类型建筑的分布及特点，编写人员集合了吴良镛、周干峙等国内从事古建筑和文物研究一大批著名专家，填补了中国建筑史的空白。《建筑院士访谈系列》选取了 10 位我国从事建筑学研究和建筑创作的两院院士，记录了他们的成长历程、建筑创作实践、理论创发、学术思想，是国内首部以访谈录的形式展示建筑界院士的创作与思想的丛书。国家级、部级规划教材明年计划推出 200 多种，根据学科、行业的发展修订完善，确保精品教材进入课堂。新版《现行建筑规范大全》也将于明年出版，修订量达 49%，全面收集了 2013 年 12 月之前出版的工程建设国家和行业标准。为了配合新技术推广和新规范实施，还将策划一系列应用技术图书，以满足不同专业、层次的读者需要。并且在拓展相关领域方面，将推出一批家装、旅游、科普类出版物。

建工社注重实施“走出去”战略。“经典中国”国际出版工程项目《中国建筑的魅力》（中英文各10卷）是其打造的一套全面介绍中国建筑文化、城市积淀、园林艺术等方面的精品书籍，具有权威性及非常好的收藏价值。《中国精致建筑100》（中英文版）系列丛书拟出版100册，通俗易懂，图文并茂，是面向国内外喜爱建筑文化的广大读者的普及性大型系列图书。这两套图书及《中国的世界遗产》等多个输出项目都将于明年陆续出版，同时建工社将调动优势资源，继续做好外向型选题的策划。

建工社把数字出版作为战略发展重点，努力加快推进出版转型，创新服务模式。2014年将切实做好“中国建筑全媒体资源库与专业信息服务平台”项目的实施工作，在完善一期建筑图书和图库在线服务、考试培训在线服务的基础上，重点完成二期标准规范在线服务、在线教育服务、专业知识库服务的测试、上线工作，使“中国建筑出版在线”成为行业门户网站和从业人员的工具，力争实现由传统出版商向现代专业信息服务商的转型。

迈入2014年，建工社将在党的十八大和十八届三中全会的精神指引下，走出一条以品牌为引领，以专业为特色，以创新为动力，关联产业融合发展的强社之路，团结奋进，再创佳绩，为建社60周年献上一份厚礼！

中国人民大学出版社

弘扬主旋律 传播正能量

中国人民大学出版社社长
李永强

中国人民大学出版社成立于1955年，是新中国成立之后建立的第一家大学出版社。1982年人大社被教育部确定为全国高校文科教材出版中心，是中国高校教材、学术著作出版最重要的基地之一。2007年荣获首届中国出版政府奖先进出版单位奖。2009年被新闻出版总署授予“全国百佳图书出版单位”荣誉称号。目前，人大社年出书3000余种，发行码洋9亿多元，已跻身于我国出版界大社名社之列，是集图书、音像及电子出版物、网络资源等多种媒体于一身的大型综合性出版社。

2013年，人大社继续坚持正确的出版方向，积极传播社会主义核心价值观，为我国社会主义出版事业服务。作为马克思主义理论出版重镇，人大社出版了一系列讴歌时代精神、反映社会主义伟大进程的优秀著作。3月，人大社出版了李瑞环同志重要著作《看法与说法》，该著作在社会上引起强烈反响。此外，“全面建设小康社会系列丛书”及音像制品选题“十八大精神专家解读”入选国家新闻出版广电总局“深入学习宣传贯彻党的十八大精神主题出版重点选题”。“马克思主义研究论库”第一辑入选了2013年国家重点出版工程——国家出版基金资助项目，开拓了马克思主义理论研究和学术出版的新境界。

2013年，人大社继续实施精品战略，打造我国哲学社会科学出版的第一品牌。作为哲学社会科学出版重镇，人大社秉承“出教材学术精品，育人文社科英才”的出版理念，相继出版了一大批社会效益好、备受读者欢迎的精品图书和教材。在第四届中华优秀出版物奖评选中《中国传统法律文化研究（10卷）》荣获图书奖。《袁宝华文集》等3种图书入选 2013 年度“国家出版基金资助项目”。《宪法社会学》等 9 种图书入选国家社科基金后期资助项目。《社会主义荣辱观研究》等 3 种图书入选 2013 年度《国家哲学社会科学成果文库》。“当代世界学术名著政治学系列”等 4 套丛书入选“‘十二五’国家重点图书、音像、电子出版物出版规划”增补项目。《大金融论纲》入选北京出版发行联盟“三个一百”原创精品出版工程。此外，人大社 28 种图书获得第六届高等学校科学研究优秀成果奖（人文社会科学）奖，14 种图书获得“第三届中国大学出版社优秀图书奖”，33 种教材获评北京市高等教育经典教材、北京市高等教育精品教材，可谓硕果累累。

2013 年，人大社继续着力国际出版，传播“中国学术”的声音，做国际学术文化交流的重要媒介，取得了“走出去”和“引进来”双丰收。作为国际版权引进与输出的文化交流重镇，人大社重点打造高端引进版学术精品系列，同时，不断把国内一流作者的优秀学术著作推向海外，形成了“学术国际出版”的品牌影响力。除不断完善开发的人大社经典引进版“经济科学译丛”、“工商管理经典译丛”以外，2012 年推出、2013 年不断充实完善的“诺贝尔经济学奖获得者丛书”、“当代资本主义研究丛书”等引进版精品系列都从更为前沿的角度为我国社会主义市场经济建设提供了理论借鉴。2013 年，人大社版权输出工作成绩斐然。在“中国图书对外推广计划”（CBI）工作小组第九次工作会议上，在成员单位的单体出版社中再次获得第一名的好成绩。《中国集体领导体制》等 8 种图书入选中华学术外译项目，人大社成为该项目入选图书最多的出版单位。《明代哲学史》等 5 种图书入选 2013 年“经典中国国际出版工程”。以《人民币国际化报告 2012》为代表的一批反映当代中国经济文化建设的优秀著作推向世界，进一步加强了中外文化的交流与对话，使世界更好地了解当下中国。

2013 年，人大社与时俱进，以一流的作者队伍、一流的选题眼光、一流的图书品质，为我国改革开放新时期提供智力支持。在十八届三中全会召开前后，在改革开放三十五周年之际，人大社着眼于进一步深化改革的社会热点，推出了一系列围绕“改革”主题的重点图书。11 月，人大社推出厉以宁教授新作《中国经济双重转型之路》，备受经济界关注，被誉为全面解读十八届三中全会后经济改革政策的必读书。此外，“全面建设小康社会系列丛书”、《改革开放口述史》、《国事续述》、《中国之路》、《2030 中国》、《创新绿色发展》、《大国兴衰》、《中国，你要警惕》、《中国经济改革与发展研究报告 2013》、《长三角转型升级研究》、《政企合谋与经济增长：反思“中国模式”》、《双重困境下的养老保险体系改革研究》、《地方政府竞争和经济增长》等一批直面政治经济改革现实问题的优秀著作为我国新时期进一步全面深化改革提供了理论参考。

2014 年，中国人民大学出版社将贯彻落实党的十八届三中全会精神，秉承大学文化精神，坚持学术文化品格，保持人大社人特有的文化自觉，做优秀文化的传播者，做最受尊敬的出版者。培育和践行社会主义核心价值观，巩固马克思主义在意识形态领域的指导地位，巩固全党全国各族人民团结奋斗的共同思想基础，在文化产业改革的大潮中，力争把人大社建设成为多媒体互动、产学研一体、国际化、专业性的出版集团，通过精品读物传播正能量，唱响主旋律的最强音，为增强民族的文化自信，为我国全面深化文化体制改革和维护国家文化安全贡献自己的力量。

中国少年儿童新闻出版总社

打造富有活力的文化市场主体

党的十八届三中全会《决定》对进一步深化文化体制改革做出了新的重大部署，必将推动出版业实现新的发展。中少总社将牢牢把握这一难得的历史机遇，在深化改革中把自己打造成为富有文化创造活力、能够适应建立健全现代文化市场体系的市场主体。围绕这一目标，中少总社 2014 年工作的关键词是：改革、转型、升级、国际化。

改革。在完成转企的基础上，进一步深化内部运营机制改革。完善结构工资制和绩效考核制度。同时，按照编辑、发行、管理、服务等不同类别岗位，建立覆盖全体员工的职业发展通道，彻底打破原有行政层级，使所有员工都能根据企业发展目标和自身能力水平，合理规划个人职业发展路径，最大限度地优化人力资源配置，最大限度地激发员工创造活力。要按照深化出版体制改革的要求，积极推进转制，建立现代企业制度。

转型。在“十二五”期末基本完成从传统出版到数字出版的业态转型，实现传统媒体与新兴媒体的融合发展。一是建成全媒体出版平台，形成全媒体出版能力，实现一种内容，多种介质出版，通过提供多种介质的产品来满足读者多样化的阅读需求。二是建成可以面向各种终端推送产品的数字传播平台，同时，改造升级传统渠道，实现线上、线下对读者的全方位、立体化、个性化服务。同时，要进一步加强总社信息化建设，提高信息技术应用水平，夯实数字出版的技术基础。

升级。坚持编辑为本、内容为王，加强原创出版，打造精品力作，培育品牌产品和品牌形象。在抓好出版主业，充分积累内容资源和自主知识产权的基础上，开发动画、影视、游戏、儿童用品、微型主题公园等衍生产品，延伸出版产业链，实现内容和品牌价值的最大化，完成由阅读产品供应商向阅读服务供应商的升级，由少儿出版传媒集团向少儿文化产业集团的升级。在升级过程中，充分重视文化生产要素市场的作用，积极实现文化资源与金融资本、社会资本的融合。

国际化。按照提高文化开放水平的要求，以实施少儿国际出版创意贸易联盟项目为核心，增强参与国际少儿出版市场竞争的能力，发挥实现少儿出版国际传播的市场主体作用。一是以我为主、以国内作家为主，吸收国外出版人、作家、画家等优质出版资源，建立策划创作团队，不断推出以世界视角讲述中国故事的儿童读物，成功进入西方主流社会。二是通过密切与国际少儿阅读组织的联系、建立与国外出版商的稳定合作机制、定期参加书展等方式，建设版权贸易平台，使版权输出机制化、常态化。三是建设面向世界的少儿数字传播平台，加大数字产品的输出力度。

坚守教育出版责任 推动产业转型发展

教育科学出版社社长
所广一

教育科学出版社是一家在国内外有重要影响的教育科学专业出版社，2010 年从事业单位转制为中央文化企业，单位性质、体制机制、发展方式等都发生了重大变化。转企后，教科社进入了新的发展阶段，进一步明确了发展的战略方向，通过一系列改革创新的举措，做好转型发展的大文章。

深化体制改革，建立现代企业制度。转企以来，教科社积极推进“三改一加强”，制订战略规划，优化内控制度，强化全员绩效，推进 ERP 建设，进一步提高了经营效率和效益。下一步，教科社面临着进一步深化体制改革的任务，即按照现代企业制度要求进行公司制改造，建立公司法人治理结构，并进一步探索集团化发展的组织架构、运营模式，形成以母子公司为主体的集团管控模式。在内部管理上，进一步修订全社规章制度，实施全面预算管理，完善内部绩效考核，强化专业技术培训力度，全面提升管理效能、专业技能和服务水平，不断释放改革的制度红利。

优化出版结构，不断夯实主业。作为教育专业出版社，教科人始终有一种深深的教育情结，这也赋予了教科社更强烈的社会责任感和使命感，坚定地在“教育科学”四个字上做足文章，形成了独特的教科特色和品牌优势。近年来，随着教育和文化产业格局的变化，图书出版的形势发生了很大的变化，但是教科社始终以传播教育新知、提升国民素质为己任，坚守着教育出版这块阵地，并不断优化结构，打造精品，为广大教育工作者和千万学子奉献优质的精神食粮。2014 年，教科社将更加注重抓好出版的质量、效益和品牌，进一步巩固主业优势，在做好国家出版基金项目、“十二五”规划项目等重点出版物基础上，着力开发重大项目、双效项目拉动各板块增长；拓展新的出版领域，促进家庭教育、高等教育与职业教育等新兴板块取得新进展。

推进合作重组，促进产业转型。近年来，教科社以打造综合性大型教育传媒机构为目标，积极推进战略性合作重组，不断拓展产业格局。在与山西新华书店等合资组建山西华电教育传媒有限公司基础上，教科社又投资设立了北京科睿星教育科技有限公司，开发“幼儿学前教育智慧社区平台”，建设中国最优质的学前教育内容资源库；与外交部世界知识出版社合作主办《英语沙龙》杂志社，整合报刊出版资源，构建多媒体出版格局。为推动数字化转型升级，不断整合教育科研成果资源和优质教育教学资源教育，建设“教育科研专业数据库”、“教科书苑”、“校长书架”等教育数字平台和产品，倾力打造服务教育工作者的专业数字服务平台及产品，进而带动教科社的业态创新和可持续发展。

2014年，教育科学出版社将深入学习贯彻党的十八大和十八届三中全会精神，进一步深化体制机制改革，巩固和发展教育出版的专业优势和品牌优势，加快合作重组步伐，拓展产业布局，促进转型升级，逐步实现从单一出版平台向综合性教育资源服务商转型，为组建专业化、集约化、规模化的教育出版传媒集团奠定基础。

金盾出版社

三十年传承跨越谱新篇

三十载栉风沐雨，三十年的传承跨越，不懈地追求铸就了金盾出版社今日的辉煌。12 月 10 日，金盾出版社隆重举行庆祝成立 30 周年暨三农图书出版座谈会，在热烈庆祝成立 30 周年华诞之际，金盾社向长期关心、支持该社建设与发展的各级领导、同行、作者、读者、新闻媒体致以衷心的感谢和崇高的敬意！他们将以此为契机，继承和发扬军队的光荣传统，从零开始，精心规划今后金盾的发展，整合各种资源，在扩大外延过程中走集团化发展之路。

一、金盾社的基本情况

金盾出版社隶属于解放军总后勤部，是一家以出版科技图书为主的综合性出版社，1983 年 11 月，靠 5000 元借款和借用 3 间旧平房起家。30 年来，在各级领导的指导关心下，在出版界同仁、书店朋友和广大作者、读者的支持帮助下，金盾社经过历届领导和全体员工的奋力拼搏，艰苦创业，从小到大，不断发展，取得了令人瞩目的业绩。目前，金盾社有 260 多名员工，设有六个图书出版中心，一个期刊出版中心，一个数字影像出版中心等 16 个部门。30 年来，累计出版新书 10176 种，现仍在市场销售的有 7000 余种，包括种植养殖、食品烹饪、美化生活、医疗保健、工业交通、文化教育、少儿读物、古典文学、字典辞典、外语教学、军事后勤等十几个大类的图书。累计制作、出版音像制品 750 多种。《百姓生活》、《科学种养》两本杂志分别出版了 158 期、94 期，在期刊界和读者中有了一定的影响力。

对金盾社 30 年来取得的成绩，上级领导机关给予了充分肯定。1994 年，被中宣部、新闻出版署评为“全国优秀出版社”；同年 12 月，中宣部、新闻出版署联合召开金盾出版社经验研讨会，并印发会议纪要，总结和推广金盾出版社的做法和经验。1996 年，被国家科委、中国科协评为“全国先进科普工作集体”。2003 年 12 月，被中央和国家 14 个部委评为“全国文化科技卫生‘三下乡’先进集体”。同年被新闻出版总署评为“全国服务‘三农’图书出版发行工作先进单位”。2004 年 2 月，时任中宣部部长刘云山同志在报道金盾出版社的一份材料上批示：“金盾出版社的经验要很好总结、宣传”。为此，中央各大媒体集中进行了连续深入的宣传报道，总政宣传部下发了《关于学习金盾出版社先进经验的通知》，在军内外受到广泛关注和好评，被誉为“全国出版界的一面旗帜”。2010 年 11 月，金盾荣获“世界知识产权组织版权金奖（中国）推广运用奖”。今年 7 月，荣获首届解放军出版奖“先进出版单位奖”。同时，现任张延扬社长曾荣获“韬奋出版奖”，先后被中宣部评为“全国宣传文化系统‘四个一批’人才”，被新闻出版总署评为“全国新闻出版行业领军人才”、“新中国 60 年百名优秀出版人物”、“中国百名优秀出版企业家”，2008 年享受国务院政府特殊津贴，2013 年获首届解放军出版奖优秀出版人物奖等多项荣誉。

回顾 30 年所走过的历程，金盾人深切感到：没有各级领导和机关的关心与指导，不会有金盾社的今天；没有广大读者、作者、出版界同仁和书店朋友的支持和厚爱，也不会有金盾社的今天；没有历届社领导和全体员工的不懈奋斗，拼搏奉献，同样不会有金盾社的今天。

二、近十年取得的新成绩

2003 年以来的十年，是金盾社经受住各种困难和风险考验，夺取出版社全面建设新胜利的十年。近十几年图书市场总体看不景气，竞争十分激烈，纸介质图书市场日益萎缩，单品种图书销量下降十分明显。面对种种挑战，金盾社在没有任何教材、教辅的情况下，不畏艰难，拓展市场，抓住机遇谋发展，奋力拼搏续辉煌，多出书，出好书，使该社出书品种连年增加，发行码洋连年提高，取得了显著的社会效益和经济效益，赢利能力在全国出版社中名列前茅。从 2003 年以来，年平均赢利 3000 万元左右，实现了国有资产大幅增值。

图书出版成效显著。金盾建社第一个十年，出版新书 721 种，年出新书约 72 种。第二个十年，出版新书 3155 种，年出新书约 315 种。第三个十年，出版新书 6300 种，年出新书约 630 种。2013 年出新书首次超过1000种。建社以来，平均每种图书重印3.6次，最多的重印了53次，重印率在85%以上，平均每种图书印发8.8万册，其中印刷发行10万册以上的图书505种；印刷发行20万册以上的图书383种；印刷发行50万册以上的图书137种；印刷发行100万册以上的图书82种；发行量最高的一种图书达700多万册。2003年以来，有111种图书获得国家图书奖、中国图书奖、中华优秀出版物奖、科技图书奖、中国畅销书奖等各种奖励，有142种图书被美国、新加坡、马来西亚等国家和我国台湾、香港地区购买版权，与25家境外出版商建立了版权贸易联系。2008年国家开始建设“农家书屋”以来，金盾社积极发挥在“三农”图书领域的出版优势，组织力量专门策划出版适合农家书屋建设所需的出版物，有350多种图书、音像制品和《科学种养》杂志被列入新闻出版总署《农家书屋重点出版物推荐目录》。

音像制品深受欢迎。金盾社音像部对外称金盾音像出版社，成立于1995年。18年来，尤其2003年以来，坚持贴近实际、贴近生活、贴近群众的原则，努力制作科技含量高、好懂易学的音像制品，内容更加丰富，品种更加齐全，得到基层读者的广泛欢迎。近十年，共策划音像选题770个，出版音像制品750种。有20种音像制品被列入《农家书屋重点出版物推荐目录》，有11种音像制品先后荣获“全国优秀科技音像制品奖”、“中华优秀出版物奖音像制品奖提名奖”、“首届解放军出版奖音像制品奖”。

期刊、广告成为新的经济增长点。金盾社主办的《百姓生活》杂志2004年3月创刊，始终坚持服务百姓，关注民生的办刊宗旨，办出了自己的特色和风格。创刊9年来，多次进行改版，努力为读者提供健康有益的精神食粮。刊用的稿件从未出任何政治问题及格调低俗的内容，近三年累计发行60多万册，有80多篇文章被《读者》、《文摘周报》、《老年博览》、《健康文摘报》等多家报刊转载。2012年，通过“中国知网”阅读《百姓生活》杂志的读者遍布13个国家和地区，点击率也进一步增加。杂志的编辑人员严格落实“三审”制度和专人审读制度，把错情消灭在杂志付印之前，被中国期刊协会评为“编校质量优秀期刊”，去年在总政组织的编校质量专项检查中差错率为零。

《科学种养》杂志2006年1月创刊，在短短7年中，聘请全国种养界的知名学者和领军人才组成编委会，“专家课堂”等重点栏目和重点文章由具有高级职称的作者亲自撰写。栏目设置主要根据基层实际需要确定，优先采用来自基层作者的稿件，使杂志成为宣传农业新政策、了解农业新知识、学习农业新技术的科普课堂。杂志刊载的文章力求短小精悍，内容通俗实用，让农村读者一看就懂，一学就会，一用就灵。通过学刊用刊，许多农村读者已经成长为小有名气的种养大户和致富带头人。2006年《科学种养》杂志编辑部被国家新闻出版总署评为“全国新闻出版行业服务社会主义新农村建设先进集体”；该刊被国家新闻出版总署推荐为全国《农家书屋重点期刊》；被龙源期刊网评为电子期刊100强。2013年8月，被评为全国2013年度最受读者欢迎的50种期刊之一。近几年发行约240多万册，很多农家书屋都订阅了《科学种养》，现在每年的经济效益超过上百万元。为适应期刊市场的发展变化，金盾社对《百姓生活》和《科学种养》杂志进行了经营改革，紧紧围绕杂志的广告招商、宣传推介和业务合作，展开多层次、全方位的市场拓展，使广告业务客户不断增加，在平面广告收入总体下滑的大背景下，仍然保持了广告收入持续增长。2009年以来，两刊广告收入达600多万元。

办公条件和书库设施彻底改观。建社之初的金盾社，全部家当就是5000元借款和临时借用的三间旧平房，一直到2008年初，金盾一直没有属于自己产权的工作用房。由于库房严重不足，使新版图书不能及时入库，旧书清理不能及时展开，制约了出版发行工作。为了彻底改变这种局面，在上级领导和机关的支持下，该社领导经过积极努力，从积累的利润中拿出9200多万元，建成了1.2万平方米的金盾新办公大楼，改建了占地45亩的金盾培训中心，新建了1.5万平方米图书库房，为金盾的长远发展奠定了坚实的基础。金盾办公楼的建成使用，彻底改变了办公条件，除设有标准办公室之外，还有各种大中小会议室、接待室和阅览室、荣誉室、样书室、资料室等，还有设施齐全的录像演播室，可供独立制作音像制品使用。大楼内部设施功能齐全，办公设备整齐划一，基本实现了办公自动化。新办公大楼投入使用后，每个编辑和主要部门的工作人员都配备了微机，目前微机配备达 160 多台，大大提高了办公效率。全社建立了以图书出版、发行、储运、邮购以及财务等核心业务为主的微机管理系统，以互联网为依托，通过远程管理软件，将处于不同地域位置的发行、财务、储运、邮购连接成了一个互通网络。建成了出版社门户网站，搭建起出版社与经销商、书店及读者进行联系的平台。

三、近十年经营管理更加科学有效

为加强出版社经营管理，金盾社始终坚持以市场为导向，通过科学管理提高经营效益。该社坚持“让通俗实用的科学知识，从金盾传向四面八方”的出版理念，竭力打造金盾图书“通俗、实用、价廉”的三大亮点，受到部队官兵和广大基层读者的欢迎。

不断根据市场变化调整出版思路。在图书选题策划和出版上，针对图书单品种销量普遍下降的市场情况，适时提出了“四上”（上品种、上规模、上档次、上新领域）和“八加强”（加强少儿图书、加强外语类学习图书、加强素质教育类图书、加强中老年人休闲保健图书、加强业务技术手册等工具书、加强高新科技知识普及图书、加强军事后勤图书、加强音像制品）的发展思路。2004 年针对图书市场主要由数量规模竞争变为质量效益竞争的新变化，提出了“两稳”（稳中求进，稳中求效）、“四求”（求质、求新、求精、求效）的出版新思路，并明确提出“在巩固和发展三农图书市场的同时，积极开发城市图书市场”。2012 年提出“努力做强主业、做好辅业，以主业带辅业，以辅业促主业，实现金盾发展新跨越”的工作思路。为了多出书、出好书，金盾社始终坚持深入生产生活第一线调查研究，按“三贴近”原则搞好选题策划，每年有 90% 的图书选题都是从基层调查研究中得来的。在图书编写过程中，始终坚持“少讲为什么，多讲怎么办”的编辑原则，让读者买得起，看得懂，用得上。

深入扎实做好发行工作。金盾社在发行工作中，根据市场和本社实际，提出了“九抓”（抓商发、抓重点、抓全面、抓对口、抓信息、抓队伍、抓效益、抓机制、抓服务）；在为书店服务上提出了“三变”（变等上门求为主动上门问，变分外事为分内事，变不能办为办得好），用真诚的服务赢得了书店的信任，建立了稳固的以基层书店为依托的发行渠道。从2006年开始，根据各省成立批销中心和搞连锁经营进行“统进分销”的新情况，社领导带领发行人员深入实际搞调查，主动与批销中心、连锁中心协调，采取“分进统结”的办法，有效解决了批销中心对基层书店供货品种不足的矛盾，保证了金盾图书发行渠道畅通，使发行码洋节节攀升。金盾社不断强化发行人员“商场如战场”的意识，鼓励大家以进攻的姿态闯市场、挤市场、挖市场、占市场，努力拓展金盾版图书的市场占有量。该社还紧紧抓住全国建“农家书屋”和中小学普遍建立图书馆的历史机遇，加强与各省市新闻出版局和教委的沟通联系，主动介绍本社图书，千方百计增加团购数量，2008年以来，仅为“农家书屋”和“馆配图书”供书就达3.4亿码洋，占同期发行码洋的14%。多年来，他们努力做好“金盾图书读者俱乐部”的服务工作，为读者提供邮购服务，读者只要想买金盾社的书，就可以免费成为读者俱乐部的会员。会员购书不规定指标，并且享受折扣优惠。目前，读者俱乐部的会员已达到80多万人，遍布全国99%的县，有效解决了偏远地区读者买书难的问题。

切实加强内部管理。金盾社在内部组织管理上，坚持以人为本，采取激励机制，探索出了一套行之有效的内部管理办法，在全社推行“用人讲公平，管理靠制度”，“领导有情，管理无情，制度绝情”的管理理念。在收入分配上，改变原来基本上是“大锅饭”的分配办法，实行以“效益主导个人收入”的分配原则，全面推行考核激励机制。对编辑人员实行按完成编辑图书数量、质量及实现利润情况计算奖惩；对发行人员实行发行码洋、回收实洋和退书综合考核计算奖惩；对“二线”人员则实行岗位标准化管理，进行质量效率等方面的考核。除此之外，每年结合年终总结评选先进工作者。这些管理措施有效地调动了广大员工的工作积极性，工作效率大约是2002年的2倍还要多。

四、今后十年的奋斗目标

金盾出版社已走过30年的风雨历程，既充满着奋斗的艰辛，也收获着成功的喜悦。今后十年，面对新形势、新要求、新机遇、新挑战，他们决心以党的十八大和十八届三中全会精神以及上级有关规定、指示为指导，继续坚持改革创新，积极扩展内涵，大力拓宽外延，整合出版资源，优化产业结构，走图书、数字影像、杂志、互联网新闻信息服务四位一体的发展之路，把金盾出版社办成不挂牌的出版传媒集团，努力实现跨越式新发展、大发展。去年，原国家广电总局为金盾社颁发了“广播电视节目制作经营许可证”和“信息网络传播视听节目许可证”。他们近期又与几家有实力的公司进行战略合作，利用该社培训中心的空余房屋建设数据存储基地，在互联网信息服务上全面合作，做到网络共用、信息共享、盈利分成。这样，金盾社就可以尽快有效地实现从传统出版向数字出版转型，使音像出版和视频制作、网络传播与信息服务密切结合，使金盾社获得更大的发展空间。以前出版结构单一，许多内容一次性使用，挣钱难、风险大、效益低。现在产业链更长了，可做的事情更多了，经营项目更丰富了，金盾社有更大的发展创业平台了。为了实现新的发展目标，金盾社将实施“三步走”的发展战略。第一步，到2015年，年出版新书稳定在1000种以上，年发行码洋加上音像、视频制作、网络服务等产值达到4亿元。第二步，到2018年，完成传统出版与数字出版相互促进，视频制作与影像出版密切结合，网络传播与新闻信息服务齐头并进的新目标，全面建成图书、数字影像、杂志、网络新闻信息服务四位一体的出版传媒集团体系，达到年出新书1200种、音像制品总品种达到1500种、杂志发行量比今年翻一番，广告和网络信息服务纯收入超过1000万元，总销售码洋、各种销售收入比2013年翻一番。第三步，到2023年，建成具有高度集约化、现代化和规范化水平的出版传媒集团体系，全社总产值、销售收入、利润比2013年增长两倍，使金盾的综合实力、社会影响力迈上一个崭新的历史性台阶。

回顾过去，金盾人心潮澎湃；展望未来，他们深感重任在肩。金盾人将以30周年社庆为新征程的起点，高举社会主义先进文化的伟大旗帜，继续团结奋斗，改革创新，开拓前进，为金盾谱写新的辉煌篇章，为社会主义文化大繁荣、大发展做出新的更大的贡献！

人民交通出版社

推进出版转型　促进企业发展

人民交通出版社成立于 1952 年，是交通运输部直属单位，现为国家一级出版社，教育部教材出版基地，被新闻出版总署评为“全国百佳图书出版单位”、“讲信誉、重服务”出版社、“数字出版转型示范单位”、“数字出版 • 创新企业”，具有地图编制甲级测绘资质、互联网地图服务甲级资质，取得地图编制 ISO9001 质量管理体系认证证书。

作为以交通为特色的科技图书出版机构，我们始终坚持读者为本，挑战出版前沿，强化跨图书、音像、电子、网络等多媒体出版能力。“十二五”以来，为配合现代交通运输业发展的需要，交通社构建了面向交通大通道与枢纽建设的大土木板块；面向载运工具制造与维修使用的大机械板块；面向信息化条件下交通运输生产与服务的管理板块；并以交通运输文化建设板块图书贯穿其中。形成以公路图书、汽车图书、水运图书、交通地图及交通专业教材为主，其他相关专业书籍为辅的多元出版格局；建立起一支包括院士和交通运输行业知名学者、专家、教授在内的高素质作者队伍；构筑成一个由交通书店、教材书店、新华书店和网上书店有机结合、覆盖全国范围的立体化销售网络。

目前，交通社已初步形成市场导向的体制机制和经营模式，发展成为国内交通专业图书出版的市场领先者、全国最大的交通教育教材的出版基地、全国最大的交通地图提供商和土木工程、轨道交通、物流领域图书的重要提供者。60 多年来，累计出版各类图书、教材、规范 2 万余种，累计发行量超过 3 亿册；公路图书、水运图书、交通地图市场份额长期排名第一，汽车图书稳居第二；一批图书荣获新闻出版广电总局、教育部、交通运输部优秀图书奖。

2014 年，交通社将深入贯彻党的十八届三中全会关于深化文化体制改革的精神，紧紧抓住国家文化产业改革与大发展、大繁荣的契机，继续秉承“立足交通、服务交通、服务社会”的宗旨，坚持“助千万交通人成长，伴数亿出行者愉悦”的共同愿景，践行“求实、创新、追求卓越”的企业精神和“科学、民主、规范、精细”的管理方针，建立健全现代企业制度，完善法人治理结构，推进出版转型和经营结构调整，促进企业发展和构建核心竞争力，提升企业品牌和社会形象，实现内涵式增长和外延性扩张：一是巩固提高传统出版业务，积极拓展社会名人畅销书出版领域；二是加速科技与出版的融合，大力发展数字出版业务；三是拓展报刊、影视及其他新媒介领域，兼并文化传媒企业,完成三十集电视剧《碧海雄心》和大型文献纪录片《中国港口》拍摄及在中央电视台播出；四是发展广告、教育培训、研究咨询等相关业务，延伸产业链；五是改善基础设施，兴建商务楼，开展房地产业务。预计“十二五”末全社出版码洋超过 7 亿元，销售收入超过 3.5 亿元，形成传统出版与数字出版并举，影视、报刊、道路运输咨询多元业务有效补充的经营格局。

测绘出版社

以企业标准打造团队　以创新产品获得生机

——测绘出版社转企发展的新思路、新举措、新方式

测绘出版社成立于1956年，是国家测绘地理信息局直属的中央级专业出版机构。主要编辑出版测绘、地理及信息技术类图书，测绘期刊，高等教育测绘和地理教材及教学参考书，相关技术资料和工具用书，以及编辑出版各类导航电子地图及特型地图（地球仪）等。建社50多年来，我社始终立足本专业、面向大科技，出版了大量满足社会发展和人民需求的出版物，为测绘地理信息科技进步、促进测绘地理信息科技成果转化及其他相关学科的发展做出了重要贡献，赢得了良好的社会声誉。

随着我国出版社转企改制的完成，各出版社相继走上了市场化、产业化、集团化的道路，可以说，改制就是为了革除现存阻碍出版社发展的积弊，促进出版业生产力的发展。但转企改制只是出版社新发展的第一步，即身份的转变，而此后如何树立企业意识，并创建企业机制，按照经济规律去经营出版社，如何基于市场创新产品获得活力与生机，才是更为关键和更有挑战性的。在转企改制后的这两年中，在机遇与挑战共存的时期里，测绘出版社积极探索，努力实践，深入学习贯彻党的十八大精神，并以党的十八大精神为统领，认真谋划并推动着测绘出版工作发展的新思路、新举措、新方式。

一、以企业标准打造团队

中国地图出版集团已于2010年9月组建完毕，测绘出版社是集团所属子公司。根据集团统一部署及出版社自身特点，我社在组织结构、管理模式、人事制度、人才培养、绩效考核、分配制度等运营机制方面相继进行了企业化的改造，现代企业制度得以逐渐完善。不仅按照企业的需要和标准设置相应的部门，成立了各个目标和方向明确的出

版分社，而且在人事管理制度上推行能上能下的原则；实施了新的薪酬制度和绩效考核制度，奖罚分明，“3.15 青年人才培养工程”更是给年轻人才施展才干提供了舞台与空间，同时也为增强企业核心竞争力，提供了有力的人力资源保障，全成本核算的推行，则让全社各部门的市场意识、成本意识和竞争意识在经过市场磨炼后得到了显著提高……可以说，从编辑、印制、营销到财务、行政管理，思想认识统一，一支有专业素质、有活力、有创造力的高效运作的员工队伍和管理团队正在逐渐形成。

二、以专业特长夯实发展基础

作为科技专业出版社，国家重点出版物规划项目、教育部十二五教材、测绘新专业教材、测绘地理信息知识读本丛书等的出版工作一直是我社的工作重点，也是我社的立足根本。今年，组织策划的《工程测量》等 8 个教材选题入选教育部“十二五”职业教育国家规划教材；《海岛礁测绘技术与方法》一书成功入选第四届“三个一百”原创图书出版工程，且位居科学技术类第三名；《北京古地图集》、《核心利益至领土主权》、《版图与构造学》等一批有影响的图书入选国家出版基金。此外，我社还在继续加大教材选题的开发力度，进一步加强测绘地理信息本科教材的建设。

《测绘学报》、《测绘通报》两种核心专业期刊一直是我社的品牌重点，《测绘学报》的影响因子更是多年稳居同类期刊第一的位置，在测绘地理信息界同行评议中享有最高的学术地位。《测绘通报》则在做好测绘地理信息技术应用交流的基础上，积极摸索多元化的经营模式，牢牢把握好科技期刊与市场需求的关系，一直保持着在测绘地理信息产业领域的金牌媒体地位。2014 年，《测绘学报》将由双月刊缩短为月刊，并适时创办英文版，以期最终向 SCI（科学引文索引）等国际权威大型索引数据库冲击。《测绘通报》则要坚持把技术性、适用性放在首位的办刊原则，做广大测绘地理信息科技人员技术交流的平台和广告服务平台，实现社会效益和经济效益的最佳结合。

作为地图产品的现代延伸，导航与位置服务部在整合国内主流导航公司的产品出版的基础上，积极开拓、研发方位及位置服务领域的系列电子产品。2014 年，将以移动互联产品为重点，不断推进针对集团和公司的各类专业图书、各类常规地图的数字出版及其衍生产品的开发工作。

三、以创新产品获得生机

目前，全国出版行业正处于转企改制后的初期发展阶段，各出版机构在寻求新的经济增长点的同时，出版运营的多元化和产品多元化也提上了日程。虽然测绘地理信息专业书、刊一直是我社出版的核心业务，但专业书刊受众群相对狭窄，整个市场总量有限，限制了出版社的长足发展。对此我社着力开发符合市场需求的新兴板块，新成立的文化生活出版分社及绘尚工作室，为我社开拓大众出版市场、开创新的经济增长点创造了条件。目前，已有一批优秀的大众类图书上市销售。同时，在少儿板块，我社引进了以 Hello Kitty（凯蒂猫）系列图书为主的出版项目，前期进展顺利。

此外，作为引领我国地球仪产品市场、有“风向标”之称的社属北京博目制品有限公司，近两年通过采取合作共赢的方式，在地球仪板块进行了多个合作项目，取得骄人业绩。与台湾地区的 POP 公司合作开发的全新系列立体地形图，根据最新现势资料编制，地图信息准确、权威，地形起伏按照真实 DEM 高程测绘数据生成，精准度具备世界先进水平，其中对开立体图填补了国内相关产品的空白；2014 年，我社将与世界知名教育产品生产商开展深入合作，就地球仪产品、数字教学产品、文化用品等相关产品领域开展广泛的合作，希望通过引进国际化教育产品和研发理念，继续稳固和进一步扩大博目地球仪的市场份额。

转企改制后的测绘出版社正以全新的面貌在向前探索着、开创着，这份努力必将给予我们收获的喜悦。

开来而继往　明道不计功

——沐文化体制改革春风继续发展

开明出版社社长
陈滨滨

开明出版社是由中国民主促进会中央委员会主办主管的以出版文教图书为特色的出版机构，于1988年12月在京成立。其前身是叶圣陶、夏丏尊、郑振铎、茅盾等老一辈出版家1926年在上海创办的“开明书店”。开明出版社自成立以来，继承了老开明的文化传统，并不断从中汲取丰富的营养。“开来而继往，明道不计功”的理念，“开明夙有风，思不出其位”的准则，“唯愿文教敷，遑顾心力瘁”的精神和“堂堂开明人，俯仰两无愧”的心胸，润泽了几代开明人。

1995年后，我社连续荣获“全国良好出版社”、“统战系统优秀出版社”等多项荣誉。二十多年来，在民进中央和有关部门各级领导的关怀与指导下，我社严格遵守党和国家的各项出版方针、政策，坚定不移地贯彻民进中央制定的办社宗旨和“一不亏心，二不亏本”的经营方针，迄今累计出版各类图书4000多种，累计发行图书18,000多万册，从结构上看，85%以上为教育类图书，形成了鲜明的出版特色。其中如《华罗庚》等多种图书获得国家级奖项，《中小学心理健康教育》杂志荣获“第三届国家期刊奖百种重点社科期刊”奖。

2010年，我社积极响应国家要求全国出版社进行体制改革的号召，并于2010年底，顺利完成改制，成为提前完成改制任务的24家中央级出版社之一，获得了新闻出版总署的肯定和中央在税收上给予的多项政策优惠。改制后，我社的各项发展也进入了一个新的阶段，取得了一系列成绩。2010年底，我社出版的《汉语成语源流大辞典》荣获第二届中国出版政府奖提名奖和第三届中华优秀出版物奖；2011 年，我社出版的《薄冰英语语法》被评为“2011 年度全行业优秀畅销品种”，《开明小学高级英语语法》、《开明初级中学英语语法》、《开明常识课本》、《开明国语课本》获得了广大读者好评并荣获中共中央统战部“第八届统战系统出版社优秀图书奖”；2012 年我社顺利完成国家出版基金项目 60 卷本的《新世纪心理与心理健康文库》，在国家基金办验收时，获得了 97 的高分，并且在“全国图书馆 2012 年度好书推选”活动中，《心理咨询与治疗》入选《全国图书馆推荐书目》；2013 年，我社与河北教育出版社联合出版的 11 卷本《齐如山文集》荣获第三届国家政府奖；截至 2013 年，我社注册资本金翻了一番；我社获得国家财政部资金支持的高清数字化学习影院项目也在按部就班、有条不紊地进行。

我社有信心借中央关于文化事业大发展大繁荣的决策和出版社体制改革的春风，在党的十八大和十八届三中全会精神指导下，百尺竿头更进一步，逐步完成由传统出版向数字化出版的转型升级。

冶金工业出版社

突出专精特新　强化品牌建设　提升竞争能力

冶金工业出版社社长
谭学余

冶金社是一家具有60年历史的中央级科技出版社。多年来，以其鲜明的专业特色和高水平的出版质量，赢得了广泛的信誉。在当今文化强国的大好机遇下，冶金社勇于担当，开拓创新，编制了《中长期发展战略及三年发展规划》(下简称《发展规划》)。《发展规划》根据冶金社的具体情况和市场未来走向的研判，确定了出版社发展的方向，给出了发展的路线，应采取的措施，以及须完成的目标。按照《发展规划》的要求，努力完成《发展规划》中提出的各项任务，是冶金社今后一段时间工作的主题。

冶金社2014年的工作重点将集中在以下三个方面。

一、不断深化改革，为冶金社的稳定快速发展打下良好的基础。2014年，冶金社将按照十八届三中全会的精神，不断深化改革，进一步创新体制机制，推动冶金社进入稳定发展的快车道。首先，要按照现代企业的要求、冶金社未来发展的战略，着力强化品牌建设工程，着力突出专精特新，着力提升创新能力，继续对机构设置、工作机制、管理制度进行深度改革，提高出版社对市场的灵敏度和适应性。近年来，冶金社在这方面已经做了大量的工作，但是与企业运行的要求和发展的需要尚有一定的距离，尤其是在出版工作重点与市场的关联度、企业运行的效能、管理方式的科学有效性、员工与企业发展的风险与成果的共担共享程度以及企业文化建设等多个方面还有大量工作要做，需要我们在实践工作中不断总结经验，不断创新，不断完善。其次，要紧紧踩住改革发展的油门不放松，通过持续健康发展手段和发展成果的分享凝聚共识，提高职工幸福指数，使冶金社形成奋发有为团结进取的文化氛围。

二、坚持走专精特新道路，注重出版社的品牌建设。冶金社是一家具有60年建社历史的专业科技出版社，要在激烈的市场竞争中占据一席之地，就必须充分发挥自身的优势。而冶金社的优势就是具有丰富的专业科技图书出版经验，凝聚了一批以国内一流专家学者为核心的高水平作者群，拥有一支高素质的专业编辑队伍，用大量高质量的优秀专业图书培养了一大批忠实的读者，用对社会、读者的高度责任心塑造了良好的企业品牌。因此，坚持走专精特新道路，是冶金社的最佳选择。2014年，冶金社将继续坚持专业化出版方向，以科学技术发展需要为基础，市场需求为导向，重点出版《中国工程院院士文集》等一批高水平的优秀学术专著和技术专著，以满足读者的需要，同时维护冶金社的社会品牌形象。

三、做好转型升级工作，为冶金社的长期发展储备能量。随着数字技术的发展，无论是图书的出版技术、出版形态、传播方式，还是读者的阅读习惯都已发生了巨大的变化。对于传统出版社来说，数字出版技术已经不再是未来趋势，而是现实中必须接受、掌握、使用的工具，否则将会面临淘汰的风险。国家对我国传统出版业的数字转型升级给予了大力扶持。冶金社作为一家以出版纸质图书为主的传统出版社，完成数字化转型升级是一项迫在眉睫的重要工作，同时也是冶金社加快发展的重要举措。2014年，冶金社将依托国家给予传统出版业数字转型升级的扶持政策，开展数字化技术改造工作。

2014年，对于冶金社来说，是完成出版社中长期发展战略规划各项任务关键的一年，也是任务极为繁重的一年。冶金社将按照党的十八届三中全会改革创新精神要求，在上级党委的坚强领导下，在全社职工的努力下，圆满完成2014年的各项任务。

中国工人出版社

创中工品牌 为职工服务

中国工人出版社社长、总编辑
李庆堂

中国工人出版社是中华全国总工会直属的国家级综合出版社，也是中国出版界唯一一家面向职工群众的图书出版单位。建社65年来，几代工会出版人历尽艰辛，传承中工品牌，为广大职工和读者提供了丰富的精神食粮，先后有多种图书获得国家级奖项，成为在中国出版界具有较高社会影响力的重要出版单位。

中国工人出版社始终坚持为职工群众服务的出版理念，始终保持正确的出版导向，重视文化传承和引领，聚焦发展社科文艺图书出版、职工教育图书出版、工会与劳动关系图书出版，致力于全国工会职工书屋工程建设。

我们继承和弘扬社科文艺图书出版传统，调整图书出版结构，强化图书销售，以精品图书出版引领大众图书出版，加大红色经典、名家名作、历史人物传记图书出版力度，开拓开发工业文化和职工文学图书出版，大力构建社科文艺出版集群，努力打造深受职工群众喜爱的大众阅读基地。

我们优先发展职工教育图书出版。我们抓住工会把提高职工素质作为转变发展方式基础性工作的历史性机遇，充分发挥工会出版资源和工会自身优势，积极开发职工教育与职业培训图书产品，努力构建职工教育图书出版与营销体系，在职工思想教育、农民工就业培训、技能培训、安全生产、班组建设等领域打造中工职工教育出版的独特优势。

我们重视做好工会与劳动关系图书出版工作，大力培育和发展劳动关系、工会干部教育、工运历史、工会工作实务等特色图书出版板块，自觉服从服务于工会工作全局，坚定不移地宣传中国特色社会主义工会发展道路，在工会与劳动关系图书出版领域，继续保持全国领先优势。

职工书屋建设是全国总工会主办的一项重要文化工程，也是我社重点发展的业务板块。截至2013年年底，已建成全国工会职工书屋示范点6000家，各地工会建设职工书屋60000家。根据全国总工会的要求，我们将突出抓好产品、质量、管理三个关键环节，继续推进职工书屋建设。实施职工书屋出版工程，为广大职工多出书、出好书；进一步扩大职工书屋覆盖面，畅通职工书屋图书配送渠道；加强职工书屋综合利用能力建设，真正把职工书屋建设成为致力于职工成才的重要平台、企业文化建设的重要载体、全民阅读活动的重要组成部分、工会文化建设的重要工程。

改革与发展让有着光荣历史的中国工人出版社焕发了青春和活力。近年来，我社出版的《中国工运历史人物传略》丛书被中组部、国家新闻出版总署评为全国党员教育培训精品教材（一等奖），《体面劳动》入选国家新闻出版广电总局第四届“三个一百”原创图书出版工程。单田芳评书话本系列、厉以宁主编《时论中国》、毛新宇作品《母亲邵华》的出版，有力提升了出版社参与图书市场竞争的水平。职工书屋历经数年努力，已经成为各级工会为职工提供文化服务的品牌工程，被中宣部和新闻出版广电总局授予全民阅读活动优秀项目奖。

坚守特色　勇拓新域

中央广播电视大学出版社有限公司总编辑
任　岩

中央广播电视大学出版社有限公司是由教育部社科司主管、国家开放大学主办的综合性出版企业。在2014年，我们将立足于远程开放教育和终身教育，以服务国家开放大学的教学和科研为前提，积极拓展职业教育和成人教育，为构建终身学习体系和学习型社会提供种类丰富、便于自主学习、品质优秀的学习资源。具体而言，我们将主要致力于八个领域的出版工作。

一、远程开放教育学习资源的研发与经营。以国家开放大学新建教学资源为切入点，推广使用与英联邦学习共同体研发的远程开放教育文字教材编写模版，发挥我们在远程开放教育教学资源研发的优势，逐步形成远程教育、终身教育文字资源的特色。同时，挖掘我们已有的优质资源，进行二次开发。

二、其他开放大学学习资源的研发与经营。为北京开放大学、上海开放大学、江苏开放大学、广东开放大学和云南开放大学研发适应当地经济文化发展需要的学习资源。

三、行业、企业培训资源的研发与经营。适应四大联盟的发展和行业学院、企业学院的建设，利用学分银行转换机制，启动合作部委、行业和企业内部人员培训资源的研发工作。

四、社区教育资源的研发与经营。社区教育的快速发展，给我们提供了机遇与空间，前景远大。要紧紧围绕社区的发展和社区的功能完善，研发适合社区建设的学习资源。

五、远程开放教育学术著作的研发与经营。紧紧跟踪国内外远程教育和终身教育理论研究的成果，高度关注国内外远程教育和终身教育实践，积极引进和策划出版最新的远程教育和终身教育的学术成果，搭建远程教育和终身教育学术交流的平台，推进远程教育的发展。

六、高职高专、中职中专学习资源的研发与经营。以教育部高职高专和中职中专“十二五”规划教材为契机，认真学习研究教育部关于“十二五”规划教材研发的要求，积极借鉴兄弟出版社研发的成功经验，发挥自身优势，努力为“十二五”规划教材提供优质服务，成为“十二五”规划教材的出版基地。

七、职业证书教育资源的研发与经营。认真总结劳动技能鉴定教育资源出版经验，深入分析我国劳动岗位技能标准的变化，在原有合作开发的基础上，进一步拓展新的项目和合作领域。

八、教育类大众读物的研发与经营。近几年，我们充分发挥自身在教材出版领域的优势，开拓进取，在教育类大众读物的研发经营方面，取得了积极的进展。2014年，在教育类大众读物的研发经营方面，我们还将进一步加大力度，抓选题、抓资源、抓特色、抓渠道，保资金、保物力、保人力、保机制，举全社之力，力争在2014年再创佳绩。

为保障上述出版业务工作的顺利开展，我们要坚持走强化内涵发展的道路，在专、精、特、新方面下功夫，以人才培养为本、以产品研发为先、以创新能力为发展动力、以体制机制转变为基础、以制度建设为保障，发挥优势和特长，强调质量和品质，为出版事业做贡献。

中国广播电视出版社

传统数字精彩纷呈　立体传媒的平面舞台

2014 年北京图书订货会是十八届三中全会后出版业的首次大型盛会，将成为出版产业的风向标，我社也希望以此为新起点，为出版业服务，为全民阅读服务。

近年来广播影视新媒体发展的步伐不断加快，高新技术特别是信息网络技术迅猛发展，媒体传播理念、传播渠道、传播方式正在发生深刻的变化和调整。经过多年的发展，中国广播电视出版社已是中国最具品牌效应的传媒专业出版社之一。在出版方面把握新形势、新趋势，着力提高传媒出版领域的引导能力，不断更新出版广播影视方面的艺术、技术、学术理论专著及教材，同时市场化图书的综合出版能力也在不断增强。

一是进一步深化改革。遵循市场的规律、结合图书市场的热点、把握趋势，不断解放思想，转变观念，创新思路，以高端优质的内容，多样化的展现形式，满足大众文化需求，推出了众多高品质的图书。如畅销书作家慕容雪村和阿菩鼎力推荐的天涯最受欢迎原创作者等待温暖的小狐狸首部文学随笔集《别怕，这个世界很温柔》，凯迪网十大原创作者杜君立随笔精选《中国盒子》，世界综合期刊排名第五的《知音》杂志共同推出深入生活、深入心灵《知音海外版》人文丛书：《生命正能量》、《为心灵保鲜》，国内高考志愿填报权威专家、中国高考志愿填报第一人吕迎春老师亲授考生和家长必须知道的 128 个报考秘诀《高考志愿填报技巧：学校、专业这样选》、《高考志愿填报绝招：低分也能上名校》等畅销书。另外 2014 年我们将推出重点新书：《实干家的革命：欧阳常林与他的快乐芒果》，芒果教父欧阳常林亲述电视湘军二十年波澜壮阔崛起史，汪涵、何炅、李湘、谢娜、欧弟、洪涛等湖南卫视子弟兵共同动情回忆电视湘军从筚路蓝缕到如日中天的艰辛往事，该书得到了中国两岸三地五大首富传奇人物陈天桥、马化腾、马云、郭台铭、李泽楷的联袂推荐；《长寿密码》是中央电视台中文国际频道大型人文纪录片，该片是中央电视台第一次以主题的形式，从人的生理、心理、社会环境、自然环境等方面揭示中国乃至世界的长寿养生的方法和文化。

二是进一步加快发展步伐。广播电视新媒体，发展是永恒的主题。面对媒体业态发展的新趋势、新要求，我社在专业图书出版方面也做到统筹兼顾、协调发展，在广播新媒体的出版物建设上主动发挥领军作用。今年我们将加大资金投入，加强整合力度推出《广播电视新闻系列教程》、《数字广播电视技术书系》、《播音主持艺术技巧丛书》、《新媒体·新传播书系》、《媒体创意专业核心课程系列教材》等系列图书，另外我社还引进西方传媒技术经典著作《声音制作手册》、《电视制作》等教材，为促进我国广播影视技术升级和战略转型做出重要支撑。

三是业务创新方面。在2012年10月我社通过国家互联网出版许可审批，获得了国家新闻出版总署颁发的“互联网出版许可证”。这是我社获得的又一项专业出版资质，是对出版社数字信息化建设工作的认可，也证明了我社在出版资源、人力、资金、安全等方面已具备互联网出版的条件和实力。开展互联网出版业务，也是我社转企改制后的创新发展思路。依托我们自身丰富的内容资源，在音像、报刊、电子和互联网领域进行深度资源整合，以电子书、网络杂志、手机出版物等形式为用户提供丰富多彩的内容服务，从而实现由传统纸质出版向多媒体、多介质出版转型的跨越性转变。另外我社音像出版中心根据市场需求投资拍摄科教电影《心理疾患的预防和治疗》，该片作为中央电视台电影频道重点推荐的影片。同时为传播博大精深的中国书法文化，拍摄了反映著名书法家张瑞龄老师艺术创作历程的电影纪录片《张瑞龄》，均取得了良好的社会效益和经济效益。特别是今年年底与河北省委宣传部、河北省大厂评剧歌舞团联合推出了一部“以党的群众路线教育实践活动”为主题的大型舞台剧《驻村干部》，该剧得到了各级领导及广大群众的高度好评，2014年这部舞台剧也将在全国各地进行巡演。

2014 年我们将进一步加大开放我社自助宣传与自主经营的平台，以开放的心态重点打造一个精彩纷呈立体传媒的平面舞台。在新的形势下，中国广播电视出版社将进一步深化改革、深挖精品，早日实现跻身一流出版社的目标，重树品牌再造辉煌。

新蕾出版社

迎读者需求　尽出版责任

——新蕾出版社携近百种新书亮相北京图书订货会

2014年新年伊始，新蕾出版社精心策划了近百种新品图书，扮亮了两节和寒假市场，这其中引进版和原创作品都有较大突破。

其中备受业内外关注的“国际大奖小说”系列丛书在延续了品牌畅销书的良好势头的同时，全新收入了9册注音版和3册更加适合初中生阅读的成长版，拓展了读者年龄层次，并且将英国动物小说之父——迪克·金-史密斯的三部经典作品纳入其中，使整个系列达到89册的规模，成为中国屈指可数的引进版经典儿童文学书系。其中《诺福镇的奇幻夏天》荣获2012年纽伯瑞儿童文学金奖；新蕾出版社在第一时间引进出版，让中国的孩子与世界前沿的儿童文学作品保持同步阅读。《奥莉芙的海洋》荣获了包括纽伯瑞儿童文学奖银奖在内的多项童书大奖提名，而《羽毛男孩》更是在获得了英国蓝彼得图书奖之“年度最佳童书”及“欲罢不能”双料奖项的同时，还被BBC改编成为同名电视剧，获得了各界的广泛好评，成长版的“国际大奖小说”以个性更加鲜明的主人公、更加跌宕起伏的故事情节以及唯美震撼的封面，给读者一个全新的阅读体验。全新的“国际大奖小说”无疑是最具文学魅力的最佳读物。

在国际引进绘本方面，将数学教育与游戏绘本完美结合的《数学帮帮忙》和《数学游戏故事绘本》自上市以来备受读者青睐，多次在同类销售榜单中名列前茅。应广大读者需求，《数学帮帮忙》和《数学游戏故事绘本》的同类子产品，即《数学帮帮忙·互动版》和《数学游戏故事绘本（第三辑）》将在2014年全新上市，这两套绘本的上市将为新蕾出版社的数学教育类游戏绘本进行更大的扩充。

在引进文学风起云涌的图书市场，许多经典的原创文学以及原创文学作家依旧保持着长久不衰的文学地位。2013 年新蕾出版社精心策划了著名儿童文学作家张之路的两部全新作品，即《野猫的首领》和《千雯之舞》，其中《千雯之舞》展现了我国几千年的汉字精髓，美不胜收。作者通过瑰丽的想象，让一个个生动的汉字“跃然纸上”成为故事的主角，人与人、人与字为我们演绎出一段柔美的真情故事，让读者在扣人心弦的情节中体会中国传统文化的无限魅力。《野猫的首领》则充分展现了张之路的童话想象及智慧的眼光，也是对现实社会的照映，此外，我国美术大师韩美林亲自为本书绘制了精美的封面、插图和藏书票，大气隽永的画风值得典藏。新蕾出版社精心打造的著名儿童文学作家殷健灵的全新作品《爱—外婆和我》也将在展会上与读者见面，该书跨越了阅读年龄的局限，跨越了生死的亲情，用爱温暖这寒冷的冬季。

新蕾出版社的中国传统文化板块也得到了全面的扩充，《中国哲学启蒙读本》《写给孩子的艺术启蒙》两套丛书纳入其中，让孩子从小受到厚重的中国传统文化的熏陶，一辈子受用不尽。

辽宁人民出版社

做好主题出版 迎接数字转型

辽宁出版集团有限公司常务副总经理
辽宁人民出版社社长、总编辑
张东平

未来一年，辽宁人民出版社将在党的十八大和十八届三中全会精神指导下，围绕中心，服务大局，立足自身特点，在重大题材、学术出版和大众通俗读物等方面深入开掘，在数字化阅读培训方面开辟渠道，在中长期规划项目上着力投入，扎实推进，努力创造佳绩，向新中国成立65周年献礼。

围绕主题出版，旗帜鲜明地传达强势声音，引导阅读风向，彰显正能量。为纪念邓颖超110周年诞辰，我们与中央文献研究室等权威机构共同推出《邓颖超画传》，这本书将在2014年1月份北京图书订货会期间隆重面世。同时，为纪念毛泽东诞辰120周年，我们推出了杜忠明红色书系。我们还将组织一系列老一辈无产阶级革命家生平业绩和研究著述，争取在九十月份集中发布，形成阵势。

红色经典图书、通俗理论读物在已开掘多年的基础上，将以更活泼、更贴近读者的思路，把马克思主义中国化、时代化、大众化更加深入地贯彻到出版工作当中，使其成为我们的优势板块。同时，围绕重大理论解读、党史党建、军事历史等方面，邀请权威作者撰著精品力作。1月份，我们将推出国防大学徐焰将军的《铁血苏德》，海军大校、研究员吴纯光的《世纪海战》，以及二炮指挥学院的重点科研成果《世界弹道导弹》。

文学板块中，王蒙主编的“太阳鸟文学年选”已连续出版16年，在短篇、中篇、散文、随笔、诗歌、杂文的基础上，邀请中国现代文学馆常务副馆长吴义勤为我们编选了年度最佳长篇精粹，相信会让读者耳目一新。十卷本《当代作家评论》30年文选，荟萃该刊30年精华，让读者回眸权威刊物的经典作品，尽享文学盛宴。

人物传记和通俗历史读物板块，虞云国、苗棣等资深学者的加盟，更有影响力。继《芝麻官悟语》畅销十余年之后，新的一年王敬瑞又拿出了《芝麻官感言》来叩击市场，相信同样会赢得读者青睐。同时，我们还请兼有作家身份的官员王旭光，撰写了更加贴近百姓、贴近实际的《芝麻官道行》，使群众路线学习更加容易把握。培养孩子财商的原创儿童文学系列《财富号历险记》推出了第五本《摩尔岛的灭顶之灾》，在孩子和家长、学校中反响会越来越大。

国家出版基金项目和国家辞书编纂出版规划、“走出去”等，2014年我们同样要集中精力做好。杨仁恺《中国古代书画鉴定笔记》、《新日汉词典》修订版、抗战系列等，都是我社的重点工程。古籍整理将推出《孙子兵学研究集成》等图书，展示一批经年研究的丰厚成果。

出版转型方面业已取得突破，新的一年将更加锐意创新。经过几年的精心谋划，残疾人阅读与培训在线顺利开通，运行良好，在大量吸取反馈、更新提升内容与互动的基础上，2014年将立体化操作，把服务、信息、合作的内容延伸扩大，努力办成国内一流、能够与世界对话的出版平台。

历经60多年不懈奋斗，我们不断创造辉煌。新的一年，我们将用智慧和汗水，努力取得更加丰硕的成果。

大连出版社

“保卫想象力”的产业化升级

大连出版社总编辑
刘明辉

大连出版社自2011年成功转型后，正处于产业化升级的攻坚阶段。新时期的出版环境和政策支持，更加坚定了我们积极主动加快步伐，整合资源，“血战到底”的决心。2014年我们将以学习、贯彻、落实党的十八大和十八届三中全会精神为契机，从两大方面重点推进，发展文化大产业、融入大经济循环，不断提高文化产业规模化、集约化、专业化水平，进一步围绕“保卫想象力”理念，以纸质图书出版为基础，向多方文化领域进行产品延伸和深度开发，从而实现经济效益和品牌效益的统一。

“有所为，有所不为”。以幻想儿童文学为本位，进一步延长产业链条，做好内容资源的再加工、深加工和再利用；优势化生产，实行差别化竞争战略，在内容资源、选题开发、图书制作等方面花大力气、下大功夫，形成产品的比较优势；规模化经营，集中门类、积累品种、扩大复本量，在丰富产品资源方面做足文章；脚踏实地，不骄不躁，在作家资源、渠道资源和读者资源方面做足长远、细致的工作。

“深化合作，互利共赢”。进一步与下游企业建立紧密联系，实现多种产业链条的相互联动，促进产业化发展的优化升级；形成战略联盟，充分利用下游企业的资金优势、人才优势和技术优势，发挥出版社的文化优势、资源优势，实现资源共享、渠道共享，共同开发产品，共同打造品牌，形成共生性联结；拉长产业链条，充分提高内容资源的有效利用率，积极探索衍生产品开发，向下游领域延伸，实现工业化主导；从源头把关内容资源的质量，并科学引导下游企业生产，充分发挥出版社在内容资源方面的龙头作用。

与此同时，进一步深化创新驱动、精品牵动、平台促动、项目带动、外脑推动、投资拉动、合作互动和奖项鼓动“八大策略”：创新驱动，始终将创新放在首位，不断实施战略创新、管理创新、选题创新、产品创新和营销创新；精品牵动，打造专业化童书体系，在保卫儿童想象力的同时，大力推广海洋文化；平台促动，强化出版社与作家、评论家、文化名人、读者及各界人士的广泛交流；项目带动，以专业发展项目为抓手，深入落实出版社的产业化升级；外脑推动，建立阅读推广人队伍，有效扩大图书品牌的专业性和影响力；投资拉动，以关键性投资开拓推广渠道，扩大品牌认知度；合作互动，与合作伙伴实现资源共享、渠道共享和品牌共享；奖项鼓动，为幻想儿童文学创作提供激励机制，扩大市场驱动，充分调动我国儿童文学作家的创作热情与积极性，从而为少年儿童打造更本质、更优质的阅读环境。

东北财经大学出版社2014年出版走向

东北财经大学出版社社长
田世忠

通过认真学习党的十八届三中全会精神，东北财经大学出版社在新的一年里计划在以下方面做得更好：

一、发展战略规划

坚持“专业性、开放式、国际化、数字化”的发展思路和财经专业教育出版机构的战略定位，以创新的体制机制和业务模式调动员工的积极性与创造性，以专业的资源、开放的思路、国际化的视野、数字化的技术手段，推动专、精、特发展道路下的品牌建设。

1. 专业性。立足财经专业领域，坚持专业化发展，加大在财经细分市场上的拓展力度。在财经教育领域、财经学术领域、财经实务领域，出版一批紧跟专业发展和教改动向、立足实践发展和改革动态的适销对路的教材、图书和学术专著。

2. 开放式。树立开放办社的思路，着眼于国内及国际领域的财经教育和实务界，在一个开放的空间中寻找选题、市场等关键资源，丰富图书结构、扩张图书规模、强化支持体系、拓展媒体介质等。

3. 国际化。以“坚持遴选、以我为主”的版权贸易原则，开展国际合作业务，在资源、市场和经营管理等多个方面开辟交流、合作与借鉴的渠道。

4. 数字化。适应信息技术发展的需要，利用电子出版物和互联网出版资质，借助中央文化产业发展专项资金资助，逐步实现数字出版转型。

二、改革措施

1. 优化图书结构。立足财经专业，整合优势资源，坚持优化图书结构，淘汰社会效益和经济效益均低下的品种，以教材为主，以学术著作和市场图书为两翼，教材、市场图书、学术著作保持适当比例，国内原创选题与引进版权选题保持适当比例。

2. 适度扩张规模。逐步扩大产品规模，以传统优势学科为基础，向经管其他学科和边缘学科延伸，加长加厚产品链，深化产品组合，延伸产品线。

3. 完善教学辅助资源。依托电子出版和网络平台，进一步加强立体化教学支持体系的建设，在原有电子课件、习题答案、附录资料的基础上，加强多媒体光盘、音视频资料、网络互动及资源库等形式的开发，提高配套资源的质量和覆盖面，完善教学资源，丰富教学形式。

三、创新手段

1. 利用数字化流程改造的契机，实现出版社内部流程的优化、再造。在中央文化产业专项资金的资助下，我社的数字化流程改造项目已经启动。通过协同编纂系统、数字化直接制版系统、教学资源系统等的使用、提升、积累与完善，促进出版资源整合，为电子出版与网络出版、教学服务与营销推广提供更基础和精准的服务。

2. 拓展跨媒体经营。在重点发展图书主业的基础上，拓展电子出版物、网络出版物，逐步形成以纸质图书为主、多种媒体兼营的多元化经营格局，为图书出版业务的成长形成有效的支撑。

未来，东北财经大学出版社将以更灵活的运营机制，更有活力的员工队伍，更丰富的产业结构，实现利润规模、产品规模的增长，实现社会效益和经济效益的同步发展。

黑龙江美术出版社

坚定信念 夯实基础 筑牢美术出版阵地

黑龙江美术出版社社长兼总编辑
金海滨

为了深入贯彻党的十八大和十八届三中全会精神，树立和落实科学发展观，繁荣和发展黑龙江美术出版社，不断适应现代图书市场的变化，使出版工作更好地为我国改革开放和社会主义现代化建设服务，为党和国家的工作大局服务，为建设边疆文化大省服务，确保我社在未来的发展中能保持快速、和谐、稳步的发展，我社对 2014 年及今后一段时期内的发展进行了认真的讨论和论证，经过多范围、多层次的酝酿和研究，制订如下发展规划：

一、发展概况

对目前我社所处的环境进行充分的市场调研和分析，对自己的优势和劣势进行客观的定量、定性分析，明确自己的产品在同行业所处的位置，以便能最大限度地提升核心竞争力。

十八届三中全会有关文化发展的改革意见为我社的发展指明了正确的方向，这是我们在将来谋求大发展的重要指导思想，为我们在以后的发展提供了良好的政治环境和理论指导，使我们坚定不移地进行改革。

当前，图书市场受到新媒体的冲击和挑战，阅读率一再下降。在全国图书市场，美术类图书的销售都有不同程度的下降，在出版品种上虽有所增长，但印数上却在下降，利润增长缓慢。同时，随着出版社转企工作的相继完成，出版业的跨地区、跨行业、跨所有制战略重组，资本运作成为趋势和热点，本已处于弱势的龙江出版又有被进一步边缘化的危险。

在省内，黑龙江省各出版社的综合实力较弱，特色不突出，品牌不鲜明，缺少在全国畅销的品种，出版结构不合理，利润单一。全省出版社力量分散，单打独斗，资源分散，难以形成合力，综合实力均较弱。

数字出版已经逐渐成为出版业新的发展方向。目前，随着数字技术的发展，盈利模式逐渐成形，市场需求正在明显增长，已成为年轻人的阅读首选，未来对纸制图书的冲击将越来越大。因此，开发、研制数字出版产品是未来出版的重要内容，如何尽快利用现有的内容资源，形成我社的数字出版特色，已成为适应形势发展的必然。

如何利用现有的品牌图书，进一步延伸、拓展出版领域，走高品质出版之路，是我社亟待解决的发展之路。

二、总体思路和基本原则

我社将以一个核心、两个重点、三个转变为总体思路。一个核心，就是做大做强出版主业；两个重点，是突出多元经济体系和企业自身建设者两个重点；三个转变，一是从被动等市场到主动找市场的转变，二是从单一业务向多元业务转变，三是从事业化管理向企业化管理的转变。

基本原则：

坚持贴近实际、贴近生活、贴近群众的原则，正确处理普及与提高的关系。

围绕党和国家重要政治活动和事件，从艺术的角度、以图录或图鉴的形式，组织策划好有关选题。

积极实施品牌战略，创品牌，出精品，出效益。

满足各级各类美术的需要，开发社会需要的美术读物，实现多条腿走路。

深入研讨出版社盈利模式的建设，加快发行体制的改革，打造品牌图书的盈利模式，建立能充分调动发行人员积极性的机制，探索出一条适合我社发展的图书发行之路。

着手实施“引进来”、“走出去”战略。

三、主要任务

树立和落实科学发展观，繁荣和发展黑龙江美术出版社，不断适应现代图书市场的变化，使出版工作更好地为我国改革开放和社会主义现代化建设服务，为党和国家的工作大局服务，为建设边疆文化大省服务，确保我社在未来一段时期内能保持快速、和谐、稳步的发展。

我们深信，在十八届三中全会的精神指引下，只要我们认真贯彻落实，上下一条心，团结奋斗，扎实工作，坚定信心，积累后发优势，谋求更大发展，在全社职工的努力下，就一定会为繁荣龙江出版事业、建设边疆文化大省做出新的更大的贡献。

哈尔滨工业大学出版社有限公司

贯彻全会精神　抓住改革机遇　加速自身发展

——哈尔滨工业大学出版社有限公司发展规划

2013年是“十二五”时期承上启下的一年，在各级主管部门的支持下，哈尔滨工业大学出版社在数字出版、“十二五”国家重点出版规划项目等方面又有了更大突破。“数学数字出版综合应用一体化平台”项目入选国家文化产业发展项目，《环境科学与技术系列图书》、《地域建筑文化遗产及城市与建筑可持续发展研究》和《世界数学元典丛书》3个系列65种图书入选“十二五”国家重点图书出版规划，《空间机器人及其遥操作》、《预应力混凝土高温性能及抗火设计》、《建立不等式的方法》和《振动主动控制及应用》4种图书入选第四届“三个一百”原创图书出版工程，《俄罗斯数学精品译丛》系列入选国家新闻出版改革发展项目库。这些成绩的取得，为顺利完成我社制定的《“十二五”时期发展规划纲要》打下了坚实基础。

结合中国共产党十八届三中全会的会议精神，为了肩负党中央、国务院赋予的建设社会主义文化强国的重任，解决宣传思想文化领域存在的突出问题，满足人民群众对精神文化生活的新期待、新要求，抓住改革机遇，加速自身发展，哈尔滨工业大学出版社有限公司制定2014年至“十二五”末期的发展规划如下。

一、指导思想

以《哈尔滨工业大学出版社有限公司“十二五”时期发展规划纲要》为基础，遵循“服务教育，弘扬科学，传承文化”的宗旨，以“特色鲜明，多元发展”为指导思想，坚定“教材立社，学术强社，市场兴社”的办社方针，坚持“至诚至强，尽善尽美”的理念，恪守“文以载道，书行天下”的社训，在上级有关部门和学校的领导下，创造“积极向上、和谐发展”的氛围，努力开创跨越式、可持续发展的新局面。

二、发展规划

各项主要指标年增长20%，力争到“十二五”末期年出版图书1000余种，产值过亿元，回款达到3000万元，实现境外销售量、版权引进与输出品种翻一番。

做好目前承担的9个“十二五”国家重点图书规划项目、2个国家出版基金项目及其他各级重点项目的出版工作；进一步申报国家及省部级重大、重点出版规划项目及重大奖项。

做好策划、发行、营销、管理等方面人才梯队建设，进一步完善原有团队，并培养新团队，力争“十二五”末期形成10个优秀项目团队。

进一步建立与出版规模发展相适应的现代化出版企业管理模式和运行机制。

利税稳步提高，实现职工收入和学校积累同步增长。

三、发展举措

坚定“教材立社”的方针，以哈工大的航天、材料、机械、法律、管理等学科为核心，通过多元化发展战略，大规模辐射全国教材市场。加大市场图书的出版力度，在扩大原有数学类、外语类、少儿科普类市场图书出版规模和影响力的同时，开发新的选题方向。

在完成原有“十二五”国家重点图书和国家出版基金的基础上，对原有项目进行扩充，并力争再补报3个系列国家重点图书和2个系列国家出版基金项目，使我社在国家出版基金、国家科技出版基金和省精品图书工程项目方面有较大幅度增长。

在政策导向、人员配备、分配机制上对能够形成规模的出版方向给予特殊支持，在原有基础上，争取到“十二五”末期形成3～5个年均出版规模达百种图书的优秀项目团队。

进一步实行开放式人才队伍建设与管理，引进高学历、高水平的出版人才，加强人员综合能力的提高和队伍知识结构的调整，通过实行定岗定编、岗位培训，培育出一支适应新形势、新型产业要求的高水平出版队伍。

积极探讨以网络出版、手机出版为代表的数字出版业务，制定数字出版发展战略，将图书项目与数字出版相结合，带动数字出版的发展，形成出版社出版形式和盈利方式的新突破。

通过改革管理体制和运行机制，建立适应现代出版企业的管理体系。

加强企业文化建设和党组织思想政治工作建设，创造出积极向上、和谐发展的工作氛围。

以卓越大学出版联盟为平台，加深与其他高校出版社的合作，联合出版精品学术著作和高校教材，申报国家和地方重大出版项目，推进“走出去”和版权引进等国际出版工程。

上海外语教育出版社

以更大的勇气和智慧描绘出版改革的新蓝图

上海外语教育出版社社长、总编辑

庄智象

党的十八届三中全会胜利闭幕，党中央在新的历史起点上为全面深化改革指引了前进的方向。我们必须以更大的勇气和智慧坚持正确的方法论、出版观，注重出版体制改革的系统性、整体性、协同性，才能更好地描绘我国出版及文化产业不断发展的改革蓝图。

上海外语教育出版社成立于 1979 年，由国家教育部主管、上海外国语大学主办。外教社始终坚持“全心致力中国外语教育事业的发展”为己任，经过 34 年的发展，目前已成为我国最大、最权威的外语出版基地之一。外教社已累计出版近 30 个语种的图书和电子出版物 7000 余种，总印数近 7 亿册，700 多个品种在省部级以上各类评比中获奖，多次被国家新闻出版总署表彰为“良好出版社”，并先后荣获“先进高校出版社”等光荣称号。2009 年，外教社在首次全国经营性出版单位等级评估中，被新闻出版总署评为国家一级出版社，并授予“全国百佳图书出版单位”称号。在 2011 年第二届中国出版政府奖评选中，外教社荣获 4 个奖项：先进出版单位奖、图书奖（《汉俄大词典》）、图书奖提名奖（《新牛津英汉双解大词典》）和网络出版物奖提名奖（思飞小学英语网），并多次在上海市图书出版单位社会效益评估中位列全市第一。

在“服务外语教育、传播先进文化、推广学术成果、促进人才培养”的过程中，外教社得取得了快速、健康的发展，同时也愈发坚定了这样的信念：只有紧紧围绕国家战略，牢牢把握出版方向，才能更好地承担起一家大学专业外语出版社的历史使命与社会责任。

出版社首先要坚持正确的办社方向，全面贯彻党和国家的出版方针，坚持出版为人民服务、为社会主义服务、为全党全国工作大局服务，坚持出版服务于高等教育的改革与发展，服务于教学科研和学科建设，始终坚持把社会效益放在第一位，力求社会效益与经济效益的统一。这是立社之本。

其次，出版社要发挥专业优势。作为专业外语教育出版社，外教社认定了外语教材、学术著作为主要出版方向，只做自己专业范围内的图书，只做自己擅长的图书，且每一本书都以专业品质的标准严格要求，力求做到最好。

第三，实施出版、科研、教育互动发展战略。在这一发展战略指导下，外教社以出版为主业，继续做大做强，为教学科研服务；以科研为支撑，提升出版层次，优化选题结构，实施精品战略；以教育为契机，传播先进出版理念，推广先进教育思想，创造出版机遇。外教社通过建立良性循环的出版、科研、教育产业链，使出版、科研、教育互为促进，从而发挥大学出版社的优势和特点，形成大学出版社独特的办社模式。

东方出版中心有限公司

高举出版主业旗帜　全力推进“两个建设”

——东方出版中心有限公司出版发展战略

东方出版中心作为中国出版集团公司旗下的唯一一家在沪的成员单位，肩负着立足上海面向（辐射）“长三角”，为集团公司在“长三角”地区的发展当好桥头堡的重任。当前，中心已进入到了改革与发展的关键时期，面对竞争日益激烈的传统出版业现状和新媒体、数字出版的挑战，唯有改革和创新才有未来。

近年来，东方出版中心凭借位于上海的区位优势以及自身拥有数万平方米房产的资源优势，立足中心出版主业创新开拓，开辟了与集团公司在京成员单位不同的、具有鲜明的上海区域特点的、富有中心特色的事业发展新路径。

中心领导班子认真贯彻落实中国出版集团公司“三六构想”发展目标和集团公司领导关于“振兴东方、打造一流”发展要求，坚持科学发展观，立足实际，解放思想，转变观念，创新求进，在分析把握中心现状的基础上，对中心未来发展进行了充分调研和认真谋划，在听取了广大干部、群众对中心未来发展的建言献策后，以差异化发展和可持续发展为要求，提出了“两个建设”发展规划，即：建设一条“财金、经管”出版产品线，建设一个东方虹桥——国际创意出版产业基地和中国出版集团数字影像拓展中心，也可称作建设产品线、建设产业园，简称“两个建设”。

在各方关心和支持下，中心“两个建设”项目正在平稳推进。2012年底，中国出版集团公司已批复同意将中国出版集团数字影像出版拓展中心落户在上海，由中心代管。中心还与上海市长宁区人民政府签订了推进“东方虹桥——国际创意出版产业园区、中国出版集团数字影像出版拓展中心”建设的战略合作框架协议。该项目已被列入国家新闻出版总署“改革与发展重大项目库”，并有望得到国家财政的资金支持。目前，产业园区内新业态的“东方虹数字公社”已经投入运行，立体机械车库建造已经启动。

展望未来，中心的事业发展充满新的希望、新的机遇。在国家启动新一轮改革的时候，东方出版中心将搭乘东风，聚神凝力，目标明确，继续高举出版主业旗帜，紧紧围绕“创新”二字，以内容建设创新、经营管理创新、业态形式创新、传播方式创新、人才机制创新和企业文化创新为着力点，坚持“一体（出版）两翼（园区和新型业态），协调驱动”发展模式和“盘活存量、聚集效应、提升品质”的经营理念，以品牌建设为核心，坚定不移走中心特色发展道路，乘势而上，朝着“两个建设”目标高歌猛进，砥砺前行，努力实现“振兴东方，打造一流”的目标，逐步形成以社科学术为主线，出版特色鲜明、品牌影响深远、各类人才集聚、综合实力较强，具有可持续发展能力的国内知名出版创意产业基地。

上海世纪出版股份有限公司少年儿童出版社

以点带面　全面突破

上海世纪出版股份有限公司少年儿童出版社总编辑
周　晴

2014 年，我们将以点带面，抓住《十万个为什么》（第六版）出版的重大机遇，注重已有出版资源的再开发和优势品牌、重大项目的维护与更新，着力开发衍生产品和与时俱进的更新版本，深挖品牌再生能力，如知名品牌“上下五千年”、“365 夜”、“三毛”系列等。2014 年，随着《十万个为什么》（第六版）衍生产品的陆续出版和宣传营销工作在全国的全面展开，我社将以此为抓手，在“十万”的引领带动下实现全社业务的稳步发展。

2014 年出版工作重点：首先，努力做好《十万个为什么》（第六版）卷装本、平装本和校园版等各版本的宣传营销工作，协助并配合集团发行中心多渠道、多层面、多手段地做好“十万”的发行销售工作，以此为契机，提升少儿社市场地位，扩大社会影响，塑造企业形象；其次，启动整旧出新工程，将已有的出版资源和品牌加以重新梳理，深挖品牌再生能力，做好衍生项目和更新版本的开发；第三，以“十万”的出版、营销为核心，带动全社三大板块图书选题的全面升级，实现各年龄段产品的精细化，构建有特色和有市场生命力的产品集群，培育新的品牌雏形；第四，积极探索数字出版、网站建设和网络销售的可行性，特别是第六版《十万个为什么》的电子化、网络化尝试，借助数字和互联网技术发展的契机，争取搭建新型的线上、线下出版、服务、培训和销售平台，为产业升级做好准备。

2014 年，我社图书出版将继续在“科学与人文”、“儿童教育与发展”、“文学与艺术”三大板块展开选题规划，以适当扩大规模、深耕细作、建设品牌为手段构建全面立体的产品线。

一、科学与人文板块。2013 年 8 月《十万个为什么》（第六版）的顺利推出，团结了一批全国优秀的院士、专家和科普作者，聚焦社会目光，提升企业形象，同时锻炼了编辑队伍以及我社运作大项目的实操能力。2014 年，我社将抓住这难得的机遇，着力开发衍生产品和与时俱进的更新版本，配合“十万”营销推广工作的全面展开，在全国范围内掀起阅读科普读物的风潮。未来目标是打造以科学与人文版的“十万个为什么”、“上下五千年”、《少年科学》、《青少年科技报》为核心的，以在线百科知识库为载体，线上线下互动的当今中国“最强的少儿科普基地”。

二、儿童教育与发展板块。儿童教育与发展板块是我社稳定的发展板块，特别是学前教育发展迅速，专门成立的儿童教育与培训中心面向早教系统和早教培训机构，按照国家颁布的学前教育发展纲要，规划出版的“一轴四馆”产品线在不断丰富中已形成规模和体系，同时通过课外教师培训、灵活拓展终端客户、将早教课程逐步数字化、网络化，我们正形成产品、服务与培训相关联，传统销售与网络服务互为一体的新型运作模式。同时，针对大众低幼类图书销售市场，根据 0-3、3-6、6-8 岁儿童身心发展规律，出版一系列集教育性、学习性、游戏性、娱乐性于一体的婴幼儿辅助读物。在婴幼儿启蒙读物、游戏益智、思维训练、图画书等细分门类中，保持优势产品的市场生命力。其中，0-3 岁的“幼幼成长图画书”和 3-6 岁“麦田精选图画书”是两条成熟的绘本产品线，仍在继续引进世界优秀图画书，扩大品种和规模。

三、文学与艺术板块。文学与艺术板块是我社出版品种最多的领域，体现了我社的原创能力和品牌号召力，这一板块图书的繁荣和发展，成为我社整体图书规模和效益持续上升的亮点和重要组成部分。近年来，我社在原创、引进和理论三个维度上齐头并进，建立了自己的产品集群，出版了不少社会效益和经济效益不错的作家作品。2014 年，我们将加大对当代少儿原创文学潮流的研究，加大对名家名作的跟踪出版，加大培养新人新作的力度，从老、中、青三代作家进行整体布局，梯次出版，将图书编辑、阅读推荐、作家进校园活动和专家评奖相结合，力争推出一批具有良好社会效益和经济效益的常销书，并从中发掘亮点，期待畅销书的出现。

古吴轩出版社

还其本原 创新前行

——古吴轩出版社发展规划和思路

古吴轩出版社社长

钱经纬

古吴轩出版社是一个有着 25 年历史的地方性美术类出版社，当年曾与荣宝斋、朵云轩、西泠印社列为全国四大美术类名店，自 2003 年归入苏州日报报业集团管理至今已整整 10 年。面对日益激烈的图书竞争态势以及网络时代带来的新的挑战，现结合实际对今后三至五年提出如下发展规划和思路。

一、正确处理定位与目标的关系，立足出版美术和吴地文化图书的优势，打造全国有特色、江苏有辐射力的城市出版社。基于苏州这样一个历史文化名城和书法名城，书画、苏作、刺绣等艺术特别繁荣发达，为此，设想还其出版社以本来，还是坚持以出版美术和吴地文化图书为主，结合出版其他类图书。目前，古吴轩出版社已与苏州书画界建立了良好的关系，并相应建立起了与定位相称的作者、读者网络和专家智库，拟在此基础上，深度挖掘开发出版一系列教学类和精品类美术图书。

二、正确处理重点书与大众书的关系，努力提升出版服务能力、信息抓取能力、选题策划能力，不断推出精品力作。没有一定的读者面，势必会限制出版社的发展，但没有重点书就不可能确立出版社在圈内的应有地位。重点书可以从地方类、专业类图书中求得突破，大众书照样也可以演变成重点书。正确处理这一关系，必须努力提升出版服务能力、信息抓取能力、选题策划能力。为此，在建立图书选题策划小组的同时，大力提倡“开门办社”，鼓励出版编辑走出去，开展文人相亲活动，按门类组织不定期访问，请进来组织专家认证评估，努力使编辑成为社会活动家的同时，把作者紧紧团结在出版社周围。

三、正确处理主业与多种经营的关系，构筑发展新平台，整合各方资源，尽力寻找新的增长点，争取出版效益的最大化。出版无论何时何地都是我们的主业，但仅就出版而出版，其产业结构过于单一，发展也会缺乏后劲，必须通过拓展多元经营来增强出版实力，当然多元经营的内容必须与主业紧密相连。作为媒体出版社，必须在充分自身品牌优势的同时，扎根在具有历史悠久、文化底蕴以及充满活力的苏州这片沃土，充分利用好出版选题、资源和作者以及报业具有的媒体资源和人脉关系。为此，必须着力在构筑发展新平台，整合各方资源上做文章：建立集书画艺术的交流、创作、研究、收藏、展示、教学、培训、经营等为一体的古吴轩书画院；通过拍卖、艺术品代理、展览、沙龙、投资等形式，不断加强与书画界、工艺圈的联系，实现互惠互利；利用已有的古吴轩画廊，开展图书首发、展销以及签名售书活动，并举办专题性的书画、玉器、古玩、刺绣等艺术品的展销，增加美术类图书的附加值。

四、正确处理编书与销书的关系，牢固确立市场意识，创新开拓图书营销渠道，不断创出新的赢利增长点。编书和销书是出版一条龙上两大紧密相连的重要环节，必须共同确立市场意识，并将这种共识贯穿到出版和发行的全过程。一是强调在策划选题时就由编辑人员与发行人员共同认证，明确受众人群，细分目标市场，分类营销发行；二是强调多形式、全过程开展广告宣传活动，为图书发行营造舆论声势；三是强调主渠道与多渠道发行相结合，分类进入市场，重视网络营销，尝试活动、会展、酒店营销等等，赢得最终效益。

五、正确处理出书与出人的关系，推行以绩效考核为主的分配激励政策，不断激发员工的活动力和创新力。员工的内存动力是否强劲，决定了出版图书的编校质量甚至出版社的未来。为此必须强调建立适应市场要求的考核机制、用人机制和分配机制。一是调整现有的一成不变工资结构和工资总量，严格按照社会平均收入水平和岗位、学历、社龄兑现基础工资。加大绩效考核力度，增加绩效工资额度，量化标准，按工种、岗位分类量化计件考核，实现按劳分配，多劳多得。为弥补人才不足问题，不唯关系不唯文凭，在引进一定出版经验的编辑外，外聘一定资质的编审和校对人员，充实编校队伍。

浙江少年儿童出版社

深化改革 激发活力
促进浙少社在新起点上更好更快发展

浙江少年儿童出版社社长 傅里甫
浙江少年儿童出版社总编 邵若愚

2014年我们将深入学习、全面贯彻落实党的十八大和十八届三中全会精神，进一步激发出版文化创造活力，坚持以人民为中心的出版理念，坚持社会效益和经济效益相统一，努力生产更多更好少年儿童喜闻乐见、充满正能量的优秀读物，进一步深化改革、开拓创新，大力实施主业提升战略、品牌战略、竞合战略和多元拓展战略等“四大战略”，不断增强发展动力和活力，提高科学管理水平。

面对新的形势，实现浙少社在更高起点上的科学发展，既要在做强主业上出实招，从战略高度将产品线建设作为扩大主业规模、整合优势资源、提高竞争实力的有效途径，更要在品牌和资本的外延扩张上顺势而为、积极探索，为集团化发展夯实基础。当前，我们要深入实施“四大战略”，进一步深化内部体制机制改革，激发内生发展动力，确保浙少社更好更快发展。

实施主业提升战略，就是要立足自身优势，坚持“整体推进，重点突破”，进一步加强“原创与引进、畅销与常销、经典与时尚”三大维度六个基本面的产品线建设。在充分梳理优势出版资源并进行有效整合的基础上，进一步丰富壮大常销、畅销产品结构和阵容，扩大并坚持原创出版平台，以内容和形式创新来促进特色出版，不断加强渠道网络建设，提高整体营销水平，提升市场竞争能力，保持领先地位。

实施品牌战略，就是要进一步提升浙少社整体品牌形象，包括图书期刊的品牌、名编名审的品牌、合作伙伴的品牌等。浙少社在业界的美誉度已经形成，我们将利用既有优势和品牌形象，坚持“打造品牌作家、做品牌图书”。既维护和发展好“中国原创儿童文学”、“冰心奖”、“小虎队”、“查理九世”、“好宝宝”等成熟品牌，又要加快形成“婴童读物”、“科普知识”等新品牌门类。着力把品牌人力资源和品牌内容资源充分结合起来，进一步深化产品线价值链拓展，不断提升图书产品线的保障和维护能力。

实施竞合战略，就是要在竞争中求合作，在合作中有竞争，最终实现共存共赢、持续发展。浙少社和国内众多少儿出版社都保持着良好的关系。随着少儿图书市场竞争日益激烈，我们要共同关注市场热点和变化趋势，一方面在做强做大的发展进程中，以项目合作等多种形式，探索跨社合作，实现优势互补。另一方面要不断深化与合作伙伴之间的协作，共同为净化少儿出版环境，形成良性竞争氛围而努力。

实施多元拓展战略，就是要着力多元拓展，搭建新平台，打造新产品，开拓新渠道，以多元谋求更大的发展空间，获得更高的收益。既要加快传统出版的转型升级，改变传统思维模式，打造全新产业链，深化与新媒体、新业态的合作，建立互利共赢的新模式；更要加深对外合作，以收购、控股、参股、业务嫁接等多样化的资本运作模式，整合社会资源，组建若干个子公司，形成少儿文化产业一体化的复合业态。到2015年，争取子公司成为我社主要业务增长点和利润来源之一。

在新起点上，我们将以“四大战略”为引领，进一步深化改革，不断增强企业内在活力，激发企业内生动力，紧紧围绕“大出版”和“大少儿”的发展理念，力争在“十二五”期间，把浙少社打造成“主业鲜明、业态多元、优势显著、富有活力的综合性少儿出版传媒集团和具有一定影响力的华文少儿出版社”。

安徽人民出版社

转型升级　打造精品

安徽人民出版社社长
胡正义

在全国出版单位2009年首届等级评估中荣获“全国百佳图书出版单位”光荣称号的安徽人民出版社，2009年4月成功改制，由原事业单位转变为企业，成为安徽出版集团成员单位，同年底进入“时代出版传媒股份有限公司”，进入快速发展阶段。5年来，销售保持20%的速度、利润保持15%的速度增长。出版的《徽州文化全书》（20卷）曾获首届中国政府出版奖提名奖。2012年，安徽人民出版社度过她60岁华诞，在党的十八大召开之际，明确了“为人民出书、为时代出书、为市场出书”的“三为”办社理念。在出版谋求专业化发展新阶段，确定了大众政治理论、财经、文史、心理、传统文化、走出去等几条重点图书产品线，近年有200余种图书在中国图书奖、中宣部“五个一”工程奖、全国优秀畅销书奖等各级评奖活动中获奖，百余种图书被海外出版社购买了版权。2012年出版了国家规划重点选题《中国特色社会主义若干重大问题研究》、国家出版基金项目《中国古代历史理论》（3卷）、《中国经济转型》、省重点图书《安徽通史》（8卷）、市场类图书《大三国》（10卷）、全国优秀版权引进奖图书《英国的世界遗产》等，显示出强劲的精品图书出版能力。

2013年，安徽人民出版社积极调整发展思路，转型升级，组建了政治出版中心、专业出版中心、大众出版中心、教育出版中心、对外合作出版中心等五大编辑中心，营销中心则按不同业务对口服务各编辑中心，行政服务中心（办公室、总编办、信息办“三办”合一）下属的信息办牵头运营数字出版业务，形成了科学合理、互动协调的运营结构体系。

2013 年安徽人民出版社精品图书出版进展顺利，“中国经济转型丛书”3 种获得国家出版基金资助,《中国城镇化道路》获国新办资助,《社会主义核心价值观读本》、“安徽名片丛书”（10 种）获省文化强省建设专项资金资助等。

2014 年，安徽人民出版社将重点推出的精品图书，有入选国家“十二五”重点图书出版规划项目的“中国之美丛书”（10 卷),以及“中国节庆文化全书”（10 种,中英文对照版)、“安徽名片丛书”（10 种)、《徽州文化全书》（英文版）、《世界遗产殷墟文化大典》（精装，3 卷 6 册）、《徽州文化史》（3 卷）等，进一步强化推进精品出版战略。

新的一年，安徽人民出版社将重点落实主题出版，尤其是党的十八届三中全会精神学习辅导读物、“走出去”出版重点项目，同时加强一般图书的策划出版，自主开发和积极与优质社科类民营书业开展合作相结合，向单品种图书要效益，提高市场占有率和品牌知名度，为数字出版提供优质内容，推进实现传统出版向全媒体出版的转型。

2014 年北京图书订货会开幕在即，展会期间，安徽人民社将与清华大学联合举办“社会主义价值观导论丛书”《伦理诉求》、《价值理想》、《发展目标》新书研讨会，并在展位现场举办首发仪式。

安徽教育出版社

优化产品结构　实现转型升级

安徽教育出版社社长
郑　可

安徽教育出版社成立于 1982 年，以教育出版为主，兼及学术出版及大众出版，是一家具备较强实力和品牌影响力的地方全媒体出版机构。2005 年转企改制后隶属安徽出版集团，目前是时代出版传媒股份有限公司的全资子公司。

建社以来，安徽教育出版社始终恪守“服务教育、弘扬学术、传承文化、奉献社会”的出版理念，精心布局三大出版业务模块，锐意进取，勇于创新，硕果累累。基础教育出版是安教社主营业务及支柱，近年来稳步向学前教育、职业教育、高等教育以及社会教育等领域拓展，形成立体化、全学段教育出版产业链；以安徽历史文化名人作品及徽文化为依托的人文社科专业出版是安教社另一重点业务板块，曾以《胡适全集》、《朱光潜全集》、《李鸿章全集》等一大批高品位、高质量的出版物享誉业界，彰显了一个出版企业的文化品位及价值追求；同时积极致力于大众精品图书出版，策划出版了季羡林、王蒙、叶永烈、曹文轩等一批大家名家的新品力作，形成大众精品读物产品群。近两年，出版社启动了“112 数字出版工程”建设，以“时代 e 博”为数字出版品牌，全力打造“全媒体数字出版运营管理服务平台”，建设了“书香出版网”和“数字校园网”两个网站；与此同时，践行“大出版、大传媒”理念，在安徽出版界率先进军教育培训市场并成功开展了教育实体培训。

截至目前，出版社累计出书近万种。其中，《宗白华全集》、《全宋文》、《朱子全书》、《清人别集总目》、《清代东南书院学术及文学》、《八大山人研究》、《公民道德歌》等800多种图书荣获包括中宣部“五个一工程”图书奖、中国出版政府奖、中华优秀出版物奖等在内的各级各类优秀图书奖；《中华三德歌》、《庄子的享受》等图书行销全国，荣登各类畅销书排行榜；《焦点》《全优AB卷》、《高（中）考仿真卷》、《新编基础训练》、《新编同步作业》等助学读物以其优质内容及服务成为万千学子复习迎考的首选资料。据国家新闻出版广电总局发布的《2012年新闻出版产业分析报告》显示，安徽教育出版社已跻身全国教育类图书出版社综合实力前10强。

2014年，安徽教育出版社将继续致力于教育出版产品的研发和出版，高标准推出《中国阅读通史》、《徽州刻书史长编》、《中国花鼓灯》、《桐城派名家文集》、《苏雪林学术集》、《东方艺术审美论丛》、《西方美学的现代历程》等国家出版基金项目、“十二五”国家重点出版规划项目以及其他各类重点出版物，充实拓展“独立阅读书系”“渡书系”“厘米书系”“品尚书系”等一批既有可读性，又有一定学术底蕴的系列大众精品读物。继续推进数字出版及教育培训工作，以创新精神、开放情怀谋求现代出版企业的科学发展与转型升级，期待与社会各界的交流、分享与合作。

与时俱进 打造精品

安徽科学技术出版社社长
黄和平

作为全国第一家主业上市的科技出版社，如何跟上时代发展，促进出版生产力的解放，进而实现“出版有品位，社会有地位”，这是安徽科技出版社一直在思考且主动实践的工作。近年来，安徽科技出版社坚持解放思想和转变观念，在出版关键、重点环节取得了长足进步：企业内部改革推进扎实，转企改制、培育市场主体等方面成效明显，建立较完备的出版现代企业制度；出版内容创新力度大、品牌响、影响大；“请进来走出去”有新进展；练就了一支勇于改革、市场意识强的高素质职工队伍。

面对竞争激烈的图书市场，2014 年安徽科技出版社将进一步明确产品线的延伸方向，寻求发展突破点，用优异的文化产品赢得读者，以两个效益的提升促进企业的良性发展。

一是拓展精品战略，特色板块建设追求高质量

新闻出版业承担着传承文化之魂的神圣职责。首先要在打造精品力作方面有所作为。作为一家产品全部靠市场发行的出版社，安徽科技社把市场、读者需求定为企业发展和选题策划的重要方向，落实指导“十二五”期间的总体发展的三大战略规划，不断出版高水平的精品力作，增强企业的核心竞争力。其中，“选题规划”引导编辑走专业化、特色化、品牌化发展道路;“销售规划”引导发行人员加强营销力度，拓展销售渠道，保障既定图书选题的最大化市场销售；“期刊经营规划”引导《保健与生活》《海外英语》期刊实施多元化发展战略。

以重大出版项目为抓手，安徽科技社通过一批获奖书、常销书的

带动作用，学术出版与大众读物并举，打造有竞争力的产品线，构筑品牌出版板块。2014年将推出一系列重点项目，如《美丽中国·生态文明建设系列》、《中国文化遗产系列》、《哈佛家庭医学全书》、《走遍中国·中国人文之旅系列》、《元散曲英译》、《徽州古村落》等。

加强出版社的特色品牌板块，特别是有良好口碑的英语学习类、生活保健类、农业技术类、职业技能培训类等板块的建设，走“专、新、精、特”发展之路。一方面加强义务教育阶段教辅开发，深入开拓外语类品牌产品如英语口语、英语听力与训练系列、随堂故事系列。另一方面体现科技特色，突出原创水平，利用好安徽省唯一一家养生保健类出版资质，出版高质量的医学图书和科学普及产品。我社2014年重点关注保健类读物、生活类读物以及科普读物系列开发，立足全民阅读活动让三大板块读物进入社区。

二是与时俱进，各项内部改革措施迈向新阶段

出版社加强管理，梳理、完善各项制度，使之既严格管理，又行之有效，适合工作流程，力求管理和效益比翼齐飞。2014年将修订完善《岗位目标考核办法》，进一步明确职责，与产品的战略规划相吻合，建立发展主业的激励机制。同时，提高员工技能尤其是掌握多媒体技术的技能，促使企业在市场竞争中取胜。

安徽科技社将适应市场状况，确定能够代表出版社实力和地方出版社特色的产品线。根据国家政策调整，适应新型出版模式的变化，寻求出版热点，围绕人民精神文化需要，提供喜闻乐见的出版物。

三是不断创新，出版与科技融合走上新台阶

与现代文化技术先进的公司进一步联系合作，获取语义技术在英语口语、听力类电子出版物的应用等，推出符合时代发展的新媒体产品。根据受众的阅读习惯，调整产品的呈现形式和销售平台，积极运用互联网、手机以及各种移动阅读终端构建传播新平台，如建立手机阅读平台，尽快让畅销图书通过三大运营商提供给广大手机使用者。加快建设安徽省第一家互动式健康信息管理与远程医疗服务数字应用平台即“保健与生活健康服务网络平台”。根据出版社特色，还计划联合外界打造健康咨询方面的实体机构，创造新的利润增长点。

“大美术”时代的多元发展与战略规划

安徽美术出版社社长
武忠平

作为一家地方出版社，安徽美术出版社自2005年改制以来，一直努力深化大美术出版战略，抢抓优质资源，实现了连续8年的快速增长，产业规模和品牌影响力不断扩大。2009年，安徽美术社入选“全国百佳图书出版单位”；2011年起，连续入选国家文化重点出口企业；2012年，综合实力位列全国美术类图书出版社第四位，发展态势良好。

展望2014年，安徽美术出版社必须在坚守专业出版的基础上，以“大美术”的视野，着力推进多元发展，建立和美术出版相关联的艺术品文化公司，实现历史性大跨越。具体而言一是要继续做好资源建设工作，打造专业品牌强社。美术社将继续发挥专业特长，不断巩固和故宫博物院、国家博物馆、中国艺术研究院、国家画院、中国美术馆、清华大学艺术学院等国家级文博、高校机构的合作，继续构筑资源高地，强化主攻板块，突出专业特色，打造文化精品工程，推出《中国工艺美术大师》、《国博藏海外文物精粹》、《潘玉良全集》、《明清小说版画》等一批重点工程，进一步塑造美术社的品牌影响力。

二是要着力拓展多元经营，实现美术出版向美术产业的快速转变。2014年，美术社将充分整合各类资源，积极发挥原创研发能力，联手优良民营文化公司，筹措成立艺术品文化公司。公司成立后，重点推进“艺术品进万家”的生产和推广，适时向海外拓展；谋划艺术策展，建立安徽省最具特色的专业书吧、画廊，培育艺术家交流基地；介入艺术品投资与拍卖。艺术品文化公司的成立是美术社未来多元拓展的有效抓手，实现盈利模式由单一支撑点向多点支撑转型的主要手段。

莫道君行早，更有早行人。2014 年即将到来，安徽美术出版社将上下联动，加快步伐，全力以赴向着既定的目标出发。

安徽少年儿童出版社

主业和产业协同发展　打造一流少儿文化产业集团

安徽少年儿童出版社社长
张克文

2014年即将到来。在新的一年里，安徽少儿社将促进主业和产业协同发展，打造一流的少儿文化产业集团。

在主业方面，安少社将继续贯彻执行“品牌出版，出版品牌”的理念，进一步优化产品结构，抓好重大工程和重点工程，着力塑造安徽少儿社的品牌形象。安少社将推出《国际安徒生奖大奖书系》、《美国国家地理系列》、《新版大头儿子和小头爸爸动漫系列》、《全国优秀儿童文学奖获奖作家精品书系》等系列品牌图书。

未来一年里，安少社在渠道建设上将有突破性的进展。主渠道、电商渠道、特殊渠道齐头并进。在主渠道建设方面，将切实实施“渠道下沉”工程，将二、三线城市作为未来一般图书市场开拓的重点；与此同时，积极在重要电商平台上加快安徽少儿社旗舰店的建设，构建起独具特色的安少版骨干网络工程;未来一年里，将在母婴用品商店、机场、超市、高铁地铁站等特种渠道浓墨重彩地绘制安徽少儿社的销售地图。通过这些极具前瞻性的举措，安少社将建立起全覆盖的立体发行网络，这个网络将为我们的主业增长提供源源不断的强大动力。

在产业方面，安少社将依托专业少儿社的资源优势，以少儿教育培训为龙头，推动少儿创意文化产业发展，使文化创意产业与少儿图书出版主业形成关联度高、互为犄角的发展态势。

2014年，安少社在新媒体和新业态方面也将有新的举措。作为全国最早从事玩具书开发和生产的出版企业，新的一年里，将大力发展玩具图书，争取份额占据全国前三位。安少社还将围绕联想新一代数字智能电视平台，开发一系列符合中国家庭阅读、教育和娱乐需求的精品儿童电子互动出版物，打造网络出版的巧虎模式，为传统出版企业投身数字出版和新媒体产业探索出一条有价值的新路子。

安少社将在新的一年里，扎实工作，大胆创新，将建设一流少儿文化产业集团的梦想做得更大、更强、更实。

内铸品质　外铄形象：2014年新愿景

安徽文艺出版社社长
朱寒冬

2014年，安徽文艺出版社继续秉承“立足文艺，打造精品，服务读者，彰显特色”的出版宗旨，扎实推进以精品战略，创新战略、国际战略、企业文化战略为核心的“四大战略”，为创建国际知名、国内有影响力的综合性文艺出版社而奋斗。

一、积极推进图书精品战略，实现“用精品打造一流”的目标。 近年来安徽文艺社实现了“五个一工程”奖三连贯、国家三大奖大满贯，王蒙、余秋雨、贾平凹、张炜、韩少功、海岩等名家名作的出版，彰显了文学力量和出版品质；《陆洪非、林青黄梅戏剧作全集》等出版，弘扬了艺术魅力和出版品位。出版精品力作，打造时代经典是安徽文艺社的基础发展战略，2014年将集中出版已承担的国家出版基金资助重大出版项目《昆曲艺术大典》、《中国歌剧音乐剧通史》以及“十八大”主题出版物《梦焰》；同时，重点推出“当代名家作品典藏系列”和一批新生代作家原创新作，如甫跃辉的《散佚的族谱》、马小淘的《琥珀爱》、郑小驴的《少儿不宜》、王小天的《单色白阳》、吕魁的《所有的阳光扑向雪》等。

二、积极推进业态创新战略，以“一体两翼”布局产业未来。 “一体两翼”就是创建出版社业务版图中由图书出版、数字出版、艺术教育培训构成的“三足体系”。在巩固既有出版阵地和优势的同时，积极推进数字出版资源库建设和独立门户网站建设，积极推进音乐艺术出版向艺术教育培训延伸，与公司时代教育培训中心共建艺术教育培训部。

三、积极推进出版国际化战略，在版权、项目、实物、机构等领域摸索出一套国际化运作的有效经验。文艺社在国际版权贸易、国家级对外图书推广和翻译工程项目中一直走在同类出版社的前列，已与德国欧洲大学出版社、我国台湾大地出版社等结为伙伴社。2014年，将继续加大国际化步伐，力争在欧洲和北美地区新缔结一至两家合作伙伴社，在数字化合作、国外图书馆馆藏书上有新突破。

四、积极推进企业文化建设战略，进一步营造“有激情”、“干成事”的企业氛围。2014年将重点在发展方式、管理模式、激励机制、人才建设等方面加大改革力度，充分发挥出版社“学而大讲堂”等在企业文化建设中的作用，营造创新驱动的企业氛围，进一步激发企业文化创造活力。

黄山书社

打造中国一流的古籍专业出版强社

黄山书社社长
任耕耘

成立于1984年9月的黄山书社，即将迎来建社30周年。近30年里，黄山书社挖掘全国各地优质文化资源，编辑出版了近万种出版物。专业性和品牌形象在业界和社会上享有广泛的知名度和美誉度，被评为全国百佳图书出版单位。2013年度实现销售收入1.46亿元，利润2030万元，同比增长15%和10%。中国出版传媒商报统计数据显示，该社出版能力位居全国古籍社第一位，综合实力位居全国古籍社第二位，仅次于中华书局。

近年来，黄山书社始终将中华书局、商务印书馆等“百年老店”作为努力追赶的品牌标杆，着力在丰富专业内涵，夯实人文底蕴方面下功夫，出版了一大批富有学术底蕴和专业品位的精品力作，在主业发展和转型升级方面创新思维、寻求突破，逐渐探索着一条适合自己的专业化、规模化、集约化发展道路。

守正出新，专业做强和市场做大有机统一。“守正出新”是黄山书社制订的整体经营发展战略。“守正”就是坚持做富有学术含量和文献价值的古籍类、学术研究类图书，做品牌，提升专业化水平。专门设立了古籍出版整理中心，集聚了全社60%的编辑，专攻古籍和学术出版，以获奖等社会效益为考核指标。积聚中国社科院历史所、北京大学、中国人民大学、南京大学、复旦大学等国内一流名校和科研院所作者资源，紧跟学术潮流，策划一批重大出版项目。《南戏大典》《近世中国的西方影像》等近40种图书入选国家重点出版规划，近400种图书荣获国家各类奖项，专业能力显著提升，品牌影响力显著增强。

“出新”，包括四个方面。一是开发教辅教材图书，增强经济实力，以书养书，实现良性循环和规模效益迅速提升；二是依托专业优势，开发富有文化含量的经典普及图书、特装书、礼品书等领域，深耕细作，使图书拓展了收藏、馈赠、欣赏、展示等多种附加功能，开辟新的图书市场；三是找准社会热点和读者文化关注点，策划了《一个总裁的微思考》《非名言微思考》等文化品读书，成为畅销书，综合效益明显；四是积极与团中央网络影视中心等高端媒体合作，开发《中国梦》《我的“中国梦”》等符合时代主题需要的理论通俗读物，中标国新办外宣出版物，入选2013国家出版基金项目等，市场容量日益扩大。

进军宣纸产业，占领产业竞合价值链高端。微利时代的出版业必须向图书上下游和周边产业延伸拓展，提供多种深度增值服务，拓展赢利空间。黄山书社根据社里的古籍宣纸影印图书多，与宣纸厂、宣纸印刷厂合作密切，宣纸消耗量大等特点，有计划地深度介入宣纸及其关联产品业务。与老牌专业宣纸制作公司达成合作意向，共同投资开发宣纸新产品，抓住宣纸上游资源；与宣纸工艺品厂商洽共同成立宣纸印刷包装公司，深度开发宣纸印刷，宣纸销售，特种装订，特种印刷辅助工艺等业务，延伸宣纸下游产业链；与北京数家公司合作，陆续开发宣纸图书近百种，全力打造中国宣纸出版一流品牌。

开拓差异化、个性化细分市场，大力开发图书周边衍生品。按照大文化做出版，把传统加进来、故事揉进去，注入独特文化含量。利用绘画名家作品的艺术含量，定制开发“吴冠中艺术笔记系列”，几十个品种，制作非常精美，使笔记本与艺术相结合，成为高品位的文化礼品。利用安徽产好茶、徽州文化底蕴深厚的独特地缘优势，开发“徽州茶”文化礼盒，有茶叶、有茶具、有茶书，有内容、有载体、有故事。利用珍贵文献的稀缺性，以国家图书馆藏敦煌遗书中有纪年的最早一卷《律藏初分》写本为底本，制作了高仿限量版典藏礼品书，配以紫檀镇纸、楠木宝盒、翡翠玉佛，使之成为市面上难得一见的高端文化礼品。销售文化衍生品，突破常规渠道，进入文化礼品销售渠道，与各大电商合作，开设本社淘宝店，开展全员B2B营销，向政府机关、企业事业单位、社会团体等定向营销，力求开辟新的蓝海市场。

另辟蹊径，提供古籍数字化增值服务。选准古籍出版的数字化方向，以数据库为主要产品，从卖产品向卖数据服务转型。开发的《中国基本古籍库》列入国家重点电子出版物，内容总量相当于3部《四库全书》，目前在全国数十家大型图书馆配备，目前，与有关机构合作，正在开发建设《中国边疆史地资料数据库》，做成后将成为国内该领域规模最大、最权威的古籍数据库，主要是针对国内外的大型图书馆馆配市场。并正陆续着手开发建设《中国传统文化数据库》《中国服装服饰数据库》《中国佛教信息数据库》等多种专业数据库，力求在古籍数据库领域做到国内领先地位。

深化外向型发展，出版“走出去”开拓发展新空间。积极配合国家的文化“走出去”战略，走出国门，走进外国，扎下根，开花结果。专门成立走出去出版中心，强化与国际知名出版社的交流和合作。积极稳妥实施境外投资，在海外某地区创办了同名出版机构，全国首家，中央领导做了批示，高度评价。走进去，扎下根，真正了解境外市场，融入商业环境，在交流和合作中提升国际化发展的能力，赢得发展先机。《一个总裁的微思考》《非名言》等书均已实现西班牙语、葡萄牙语、法语、英语等4个语种版权输出，成为时代出版输出语种最多的单品图书。重点图书《中法建交始末》法文版权输出到法国最大的出版集团阿歇特出版集团。此外，承担的重大“走出去”项目方面硕果累累。先后策划出版和正在制作《中国历代文物集》（英文版）、《中国美术全集》（英文版）、《中国美》（葡萄牙文版）、《中国梦》、《中国道路》（波兰文版）、《悦读中国》等数十个品种，获得各类文化走出去资助名列全国单体社前列。百余种图书被国新办、国家汉办采购，用于对外宣传中国。

实施新媒体战略 助推出版社转型升级

时代新媒体出版社社长
刘桂霞

时代新媒体出版社将不断利用创新手段，合理规划出版发展战略，以重点项目带动出版社的转型和升级。

2014，将重点围绕“时光流影 timeface”的建设和推广，筹划组建相应的科技信息公司，整合、并购、重组几家技术专业团队，运用互联网产品特征运营“时光流影”平台，实现大数据时代下海量网络内容的按需分类整理，形成出版传播体系强大数据库支撑。拟在美国芝加哥“timeface international media(Co.,Ltd.)”，实现 timeface 在美国落地推广；继续重点实施数字化教育优质资源汇集品牌“时代名师堂”项目，汇集全国名师名课，通过网络点播、移动点播、硬件集成、系统集成、线下培训等立体化模式实施。同时联合电教馆，开拓“无纸化教材”的市场。

重点实施内容增值业务，开拓新的市场。结合时代新媒体社的视频内容，以“内容+硬件+系统”的公共文化流媒体交互系统为载体。与相关政府部门联手，在青少年素质教育、家庭教育、家庭健康、心理辅导和测评等方面，以技术开发的系统平台和主流触控式硬件相结合，突破传统音像出版模式，适应大数据时代个性化产品的需要。同时以“时光流影·文化分享”为传播平台，运用“内容增值+创意广告”的市场运营模式，以原创视频内容吸引各类高端广告的投放，实现新媒体广告业务盈利增长点。

随着4G时代的到来，时代新媒体社将重点实施基于移动互联4G传输技术的“时代微视”流媒体数字分发平台，依托海量、优质、原创的细分市场短视频，联合中国移动发力 4G 网络环境下的视频业务。

努力打造品牌影响力，强化以“原创”为主的内容建设将是我社一项长期的计划。2014 年，时代新媒体社将重点实施一批重大选题、精品项目，做好《奋斗的青春最美丽》《共享文明》《中国服饰》《走进中药》《全新婴幼儿护理指南》等“十二五”重点选题的出版工作。

在做好上述重点项目的同时，以人才队伍建设为抓手，努力培养一批适应新媒体形势下的复合型人才，为时代新媒体社的转型升级奠定坚强的基础。

厦门大学出版社

扎稳根基求发展

厦门大学出版社社长
蒋东明

为深入贯彻党的十八大与十八届三中全会精神，应对后改制时期出版业发展出现的种种变化，厦门大学出版社召开了“未来三年发展务虚会”，根据我社的实际情况，对我社未来发展走什么路、怎样走的问题进行顶层设计，确定了我社未来的发展方向和办社思路：坚持大学出版社的理想和宗旨，坚持学术、教育出版方向，立足传统出版，稳步发展数字出版，积极探索围绕主业的多元化经营。

一、坚持学术出版，坚持教育出版，扎稳根基不动摇

传统出版虽然遇到了困难与挑战，发展速度放缓甚至停滞，但近30年来形成的特色与优势是我们办社的根本，绝不能放弃。为了扎稳根基更好地发展，我们在坚持原有的特色与品牌的同时，还将采取如下措施：

加深与母校的各方面联系，挖深挖透各项资源，争取学校更多更好的支持。

加快社内机制的改革与创新，适应转制后的现代企业管理，激发每一位员工的积极性。

开放思想，拓宽思路，策划有影响的大项目图书选题，以项目培养人才，以项目吸引资金，以项目寻求合作，以项目拓展市场。

借助沿海开放的地域优势，与大型企业合作，组织先进的企业文化与品牌建设类图书。

寻找合适的合作伙伴，异地组建区域性的分社或代理机构。

二、吸引人才，多方合作，稳步发展数字出版

数字出版方兴未艾，但在人才稀缺、资源不多的情况下，我社将数字出版与传统出版紧密结合，主要有如下一些设想：

吸引、培养数字出版人才。现在既懂传统出版，又懂数字技术的人才稀缺，要做好数字出版，我社最先要做的是引进数字出版的带头人。

围绕传统出版，做大纸质图书的电子版增值销售。如与电子图书运营商、移动网合作，销售我社的电子图书；建立APP书架，销售我社的全品种电子图书;探索制作新型的数字教材，与纸质教材互相促进;结合我社已出版的大项目，如《台湾文献汇刊》、《稀见史料》等，做成数据库。

整理包装我社的“南强出版管理系统”与“图书物流系统”，加大宣传与营销力度。

依托母校，将厦大期刊资源、图书馆资源、教师的课件资源等整合到一起，建立厦大资源平台；整合学校的海外教育资源，合作建立海外在线教育平台。

三、围绕主业，小步快走，积极探索多元化经营

围绕主业，谨慎投资，引进人才，寻求合作是我社多元化经营的既定方针。除以上与数字出版有关的设想外，与会人员对多元化经营提出了一些较为可行的具体建议：

办好出版社书店与图书代办站，在服务上下功夫，扩大其赢利空间。

利用学校资源，联合进行各种形式的教育培训。

利用厦门市软件开发与数字出版优势，参股发展势头良好的企业。

与厦门市旅游、文化企业合作，开发有闽台特色、有厦大特色的旅游文化产品。

总而言之，我社在未来三年，还将立足传统出版，但要加深加快改革与创新，拓宽传统出版之路；围绕主业，积极探索与推进数字出版与多元化经营，力求在主业之外，开辟新领域，寻求新的经济增长点。

江西人民出版社

文心载道　书香天成

江西人民出版社成立于1951年11月。经过60多年的发展，现为国家一级出版社，同时被新闻出版总署授予“全国百佳图书出版单位”。2014年，江西人民出版社将瞄准“全国领先的社科类出版社”目标，以改革为动力，以发展为目标，以传承先进文化为己任，以昂扬的姿态阔步前行。

一、发展战略和发展目标：特色立社、品牌兴社；优化资源、规模效益；书业为主、多元发展；做足江西、面向全国；开放联合、扩张经营；科学管理、做优做强。把江西人民出版社建设成学习型、创新型、绿色型与和谐型的组织，建设成与时俱进、自觉担当、勇于创新、特色鲜明、品牌著名、管理科学、基础厚实、效益良好、可持续性发展能力强的一流中型出版社。

二、图书出版的基本思路：坚持“特色立社、品牌强社、核心竞争力撑社、企业文化兴社”的信念，锁定目标市场，着眼“积累”“实用”“长销”，创新、创优、创特，打造品牌，以主旋律图书为旗帜，以精品学术书为脊梁，以畅销书为龙头，以实用类图书为基础，以优秀通俗读物为辅助，以教材教辅为支撑，建构体现核心竞争力的可持续发展的赣人版特色图书框架，从品种层面走向专业、产业层面，由经营产品方式向经营作家、专业和品牌方式转变，实行事业部制，发挥编辑室整体功能，集中资源和力量，做成图书板块和产品线规模，取得规模效益，实现“双效”。

三、图书出版的基本原则：社会效益与经济效益统一；发挥政治优势，做足江西；眼前利益与中长远利益结合；整合优化资源，资源效益最大化和机会成本最小化；机会竞争、区分市场、效益优先、兼顾公平；继承与创新结合；引进与原创相结合；实施精品战略；重点带动一般；质量基础上求数量；走出去与引进来相结合；差异化与跟进法并举；书刊、书电媒介、书教互动，建构四维经济支柱；自觉定位与强制定位结合；做系统与做市场结合；资源公属。

四、创新发展的行动原则：按照发展战略、思路、安排，围绕任务目标的实现，坚持目标导航，战略规划，坚持思路，遵循原则，结合实际，演绎计划，阶段安排，系统实施，有力执行，追求实效。建构由“观念意识、队伍、产品、市场、资金、科技、政策机制、管理、组织、精神文明”等要素构成的保障措施及运作平台，把握战略与策略、近期与长远、终极性与阶段性、整体与局部、主业与辅业、资源与效益、整合与互动、产品与市场、动机与效果、目标与手段等辩证关系，开拓创新，求真务实地做好工作，在社会效益与经济效益的有机统一上，实现战略目标。

二十一世纪出版社

二十一世纪出版社2014发展战略

2014 年是二十一世纪出版社转型升级、提速发展的关键之年。

二十一世纪出版社 2014 年及未来一个时期的发展战略可概括为：以集团的构架掌控产业布局；以资本的力量撬动产业市场；以国际的视野拓展产业规模；以专业的运营筑高产业门槛。

一、以集团的构架掌控产业布局。我社将成立二十一世纪出版社集团公司，重塑企业边界，以小搏大，跳跃发展，自我裂变，内涵发展，努力成为中国少儿出版的航母。我们将充分利用集团化优势，提高优质内容资源的聚合能力，提升产品的转化加工值，项目拉动，产业驱动，从而延伸出版产业链，打造“少儿文化创意产业”核心增长极。

二、以资本的力量撬动产业市场。出版社集团化完成后，我社将利用资本的力量进行股权投资、参股并购，从而撬动产业市场。

我社筹资千万元，将建设“二十一世纪少儿全媒体数字出版产业基地”，快速布局、抢占数字出版产业的制高点，阶段投入、滚动发展，实现传统出版向数字出版有序转型。全面进军电子商务领域，搭建自主电子商务平台，打造二十一世纪出版社电商旗舰店。还将建立“亲子阅读分享云平台”，为 3-6 岁的儿童提供全方位阅读服务。

三、以国际的视野拓展产业规模。二十一世纪出版社将依托麦克米伦在国际童书市场的强大平台，不仅要把全球优质的童书引进来，更让优秀的原创童书走出去。从法国引进的“不一样的卡梅拉”系列童书取得巨大成功后，我社趁势而上，一举买下动画片延伸产品的授权，并将与法国合拍“不一样的卡梅拉”动画大电影，打造“卡梅拉帝国”。二十一世纪出版社还把目光投向国际，开创国内出版社经营国外童书作家之先河，签下了世界著名童书作家麦克·格雷涅茨 10 部新作的全球版权，并将尝试以不同语言版本的实体书卖到全世界去，从而实现从版权输出到实体书输出的转变。

四、以专业的运营筑高产业门槛。专业化是二十一世纪出版社决胜之道。我们强调以专业的眼光选佳作，以专业的态度做精品，以专业的精神卖好书，以专业的方式育品牌。面对来势凶猛的外部竞争，我们唯一能祭起的就是“专业”这个法宝，发挥专业优势，保持专业性，是筑高少儿出版门槛的应有之道。

同时，专业的运营还体现在业态创新能力和产业链的建构能力上。当下出版形式涵盖图书、影视、网络、电子阅读等全媒体产品形式，出版产业延伸覆盖游戏、动漫、培训、相关衍生产品等产业链。当其他出版社面对数字出版及产业延伸，仍处于观望或试水阶段时，而我社已抢占先机，初步构建出版转型升级的崭新格局。这两大板块的成功运营将使我社少儿出版获得无限生机。

红星电子音像出版社

创新发展　力克电子音像转型难关

红星电子音像出版社成立于1998年，是一家集电子音像和网络出版为一体的综合性电子音像出版社。15年来，红星社始终秉持“以优秀的人品创造优质的产品”这一理念，在经济效益和社会效益两方面斩获颇多，是“中国出版政府奖先进出版单位奖”获得者。2014年，红星社深入领会和贯彻党的十八大和党的十八届三中全会精神，同时积极响应江西出版集团关于“创新发展，优质发展，加快发展，打造全国领先的出版文化产业集团”的号召，坚持“做优质教育产品的提供者”这一发展方向，努力在新的历史时期达成新的突破。

“三三制”产业布局。在产业布局方面对内坚持“三三制”原则。继续推动“文化科技、教材教辅、课程导报”三足鼎立之产业格局的形成，有效增强红星社抗风险能力；对外则有目的地选择优质教育类产品开发经营企业进行兼并重组，增大体量、优化内质、提升水平，同时对全介质、多渠道、衍生态等多种出版产业模式进行积极探讨，努力践行江西省出版集团公司关于“加快发展”的思想要求，从而使企业在落后介质的困境中实现快速而有效地“绝地突围”。

“左右呼应”产品和项目开发。产品和项目开发方面，在“双效并举”的大原则之下，一方面着力打造传统出版和数字出版“左右呼应、齐头并进”的“进军模式”，通过传统产品的效益优势来促进和带动数字出版的发展，“以战养战”最终达成转型升级之最终目的；一方面坚持“以市场换资源、以联合求发展”的原则，秉持“创新发展”这一思路，通过“内引外联”盘活全局，“借船出海”避免自身在资源上的不足和劣势，以谋求产品开发及项目实施的成功。

“张弛之道”现代企业制度建立。“文武之道，一张一弛”，通过不断加强企业文化建设（着力提升员工幸福度）、不断完善企业管理制度（着力强化薪酬考核制度）这“一软一硬”两手，来达成企业管理水平的全面提升，遵循“变模糊管理为精准管理；变分散管理为集约管理；变传统管理为现代管理”这一理念，向着建立现代企业制度的方向勉力前行。

在人才队伍建设方面，注重团队建设，以团队能力素质和协同作战能力增强为核心，在实施工作中不断锤炼，从实践中发现人才培养人才和调配使用人才。不断提升管理层的管理水平，增强中层干部的执行能力，提高基层员工的职业素养。从而最终达成江西省出版集团公司关于提升企业内质、增强引领能力的相关要求，实现集团关于“优质发展”的相关要求。

江西高校出版社

蓝图已绘就 奋进正当时

——江西高校出版社多措并举谋发展

二十五年来，经过几代人的筚路蓝缕、苦心经营，江西高校出版社异军突起，从一家名不见经传的小型出版社发展到如今拥有4个出版中心、6个直属二级法人出版发行单位的综合性出版社，2012年出书1400余种、发行码洋达6.7亿多元、销售收入2.8亿多元，2013年各业务板块继续保持着良好的发展势头。

面对风云激荡的市场竞争，江西高校出版社将紧紧围绕创新发展、科学发展、和谐发展这一主题，以增强综合竞争实力为中心，以挖掘人力资源和增强市场运作能力为重点，以实施重点图书和精品图书为突破口，力争在“十二五”末发行码洋突破10亿元、销售收入突破5亿元，建设省内一流，全国叫得响的出版社；成为特色明显、影响广泛的现代教育出版传媒集团。

一、挺拔主业，做响品牌。只有图书出版主业挺拔，才能真正实现出版企业的可持续发展。一是坚定不移地推进实施“三步走”发展战略，建立多个业务分社，通过深化改革裂变形成出版传媒集团。二是坚持“一主两翼”的产品发展思路，以大中专教材出版为主体，大众出版和基础教育出版为两翼，注重产品的系列化、特色化、差异化开发，推出精品双效图书。三是坚持“建设立体化渠道，并优化、调配渠道比例”的渠道发展思路，最大程度实现有效销售。四是善于经营作者，建设一个优质的、高水平的作者网络群，深入挖掘优质作者资源，加强作者资源的储备。

二、开辟新路，多元经营。要以更大决心冲破思想观念的束缚，继续解放思想，敢涉险滩，敢闯新路，树立全局发展意识、可持续发展意识。要创造和抓住机遇，兼并重组一批有特色、有亮点的优质文化企业，推进体制合作、资本合作，加强项目合作，实现发展升级。要勇探数字出版的转型新路，充分利用电子、音像、互联网等多种出版形式，对内容资源进行全方位、深层次开发利用，实现单一介质向多介质、全媒体的转型突破。要高度重视版权贸易工作，“引进来”与“走出去”相结合，尤其要继续保持和发展原创，扩展版权输出与对外合作出版的区域和范围，提高版权输出质量。要充分利用我社背靠教育厅的教育、出版资源优势，选准项目、加大投入，推动教育、出版培训事业的发展。

三、创新机制，释放活力。要建立一套科学的、能激发正能量的、可持续发展的企业运行机制，使企业活力和员工潜能都能得到极大释放。2014年，江西高校出版社将逐步完善由《年度综合考核办法》、《部门经济目标考核办法》、《荣誉与过失考核办法》3个考核办法组成的“三位一体”的考核评价机制，纠正唯GDP的用人观，确立科学的用人观，从社会效益、经济效益、综合发展能力等各角度全方位考核员工业绩、衡量发展成果、引领发展方向。

四、科学管理，焕发新颜。“科学管理”要求出版企业管理的各个方面，如编辑、印制、财务、人事等各方面的管理科学化。要根据新形势、新需要完善各项管理制度，修订或出台《编辑业务流程管理规定》、《经费支报管理规定》、《重点图书资助办法》等重要规章制度，规范业务行为，指导业务方向。要运用现代科技手段加强管理，向管理要效益。2014年，我社将引进出版管理系统（ERP），通过价值链管理和业务优化，推进出版社信息化建设，为出版社集团化建设和可持续发展构建先进的信息化平台。

五、营造环境，内和外顺。营造内和外顺的工作环境，是实现和谐发展、可持续发展的基石。要坚持“思想疏导和机制创新并举”的工作方针，建设优秀的企业文化来统领员工的思想，倡导学习精神、职业精神、创新精神和合作精神；通过建立一种能激发活力又富有效率的机制来保障员工的创业热情，实现相对公正。营造风正心齐、气顺劲足、和谐创业的内部环境，激发正能量。要不断优化有利于出版社发展的外部环境，力争能得到各方面的支持和帮助，以双赢的思维争取优秀作者和优秀文化公司的合作，实现强强联合，互惠互利。

六、储备人才，凝心聚力。在产业转型加快和市场竞争日趋激烈的大背景下，人才竞争力成为决定出版企业综合竞争实力的关键因素。要牢固树立“人才资源是核心竞争力”的观念，围绕产业趋势储备人才，围绕发展战略选用人才，围绕机制创新留住人才。要千方百计引进业内优秀人才；要用心培养好、使用好人才；要通过搭建干事创业的平台、营造创新创业的工作氛围、建立科学合理的薪酬分配体系和绩效考核机制留住人才，凝心聚力，让员工在出版的舞台上有出彩的机会，让出版社在文化大发展大繁荣的舞台上有梦想成真的机会。

蓝图绘就，正当扬帆破浪；任重道远，更须策马加鞭。江西高校出版社将把加强顶层设计与摸着石头过河相结合，整体推进和重点突破相促进，凝心聚力，求真务实，朝着构建教育出版传媒集团的梦想迈进！

江西教育出版社

深耕文教主体　重开经典之门

江西教育出版社坚持“主业优先、结构优先、效益优先、质量优先、市场优先、成本优先”的经营理念，坚持“深耕文教主体，重开经典之门”的出版理念。做到了目标不放松，定位不动摇，板块不塌陷，环节不掉链。

江西教育出版社将继续推进以下八大工程：

一、质量精品工程。进一步重视品牌教材教辅图书建设；进一步加紧加快重点选题的实施和重点图书的出版；进一步重视和加强大中专院校校本教材、各级各类专业教材、职业教育成人教育公共教育培训教材的建设；进一步重视大众出版，积极加强出版社常备书目的建设，策划组织一批面向市场的大众读物；进一步结合“走出去”工程目标，努力抓好外向型选题的策划组稿工作。

二、市场营销工程。依托市场教辅经营部和市场图书营销部（北京出版中心）两个发行端口，下大力气完善营销网络，力争两到三年内建设渠道畅通的销售网络。

三、品牌建设工程。进一步提高出版社产品线的经营质量，重点建设辞书工具书、重开经典之门、疯狂英语书系等一系列品牌读物；进一步丰富我社的产品线。同时，充分挖掘出版资源，开发资源性项目。

四、产品创新工程。进一步提升教辅内容质量。

五、书刊互动工程。疯狂英语通过打造 Android、Windows 和 iPhone 移动终端平台和建设“疯狂英语”出版基地等举措，小学教学研究通过举办全国名校校长高峰论坛、名师观摩课等活动，把资源变成财源。

六、规模效益工程。通过和有实力有信誉的民营公司合作，进一步做大教育出版社的体量。

七、管理提升工程。严格执行内控机制，创新管理方式，提高管理水平。

八、人才建设工程。实施竞聘上岗，优化配置人力资源，科学制定我社人才规划及用人计划；建立健全激励与约束并存的人才管理制度，为人才脱颖而出创造机会和条件。

江西教育出版社将进一步完善法人治理结构，加快建立健全“产权明晰、权责明确、管理科学、运转高效”的现代企业制度，提升社会效益和经济效益，全面增强企业核心竞争力，倾力打造一个“有正确导向、有文化理想、有事业追求、有出版特色、有经济实力、有和谐氛围”的现代出版企业

江西科学技术出版社

开拓思路 凝聚力量 推进重大出版工程建设

2014 年，我社将用实际行动贯彻落实党的十八大精神，目标不放松，定位不动摇，坚持“突出重点、追求特色、讲究效益”的图书出版原则，进一步“做优结构、做精品种、做好质量、做大规模、做强销售、做出品牌”。总的经营思路是：贯彻落实赵东亮董事长的要求，开拓思路，凝聚力量，以“六个一”出版工程为抓手，走出一条符合我社实际的发展路子，推进重大出版工程建设。抓重点选题、重大项目，带动一般选题、一般项目。抓好产品线的建设，打造清晰的可持续盈利的产品集群。书刊并举，产品建设向产业发展延伸。加强企业文化建设和企业制度建设，构建稳定的内部环境基础，逐步摆脱对教材教辅的严重依赖，在集团公司创新发展、优质发展、快速发展的指引下，用 3-5 年时间，打造一支“有特色、有影响力的全国一流的地方科技出版社”。

一、理清思路

2014 年，科技社将理清思路协调以下几种关系：

1. **把扩大规模和增进效益协调起来。**自主创品牌，联合上规模。既要提高单位面积的产量，也要增进规模效应。要把扩大生产规模、保持持续发展和提升发展质量统一起来，毫不动摇地在坚持质量和效益的前提下，稳步推动经济增量和增速，做大经济规模。联动抓、合力推，推动结构优化。

2. **把力挺主业和深度开发协调起来。**在保证出版内容质量和编校质量的前提下，下大力气扩大一般市场图书的市场份额。往内涵式发展与外延式扩张方向拓展，以品牌为追求，以效益为准则，以市场为导向，以创新为根本，以造就读者为目标，策划一批双效俱佳的标志性图书选题、品牌图书选题。进一步提升我社市场图书的开发力度。

3. 把拓展产业链和合作联合协调起来。根据市场竞争需求发生裂变、整合、延伸和提升，不断地由地域封闭状态向空间最佳组合演变。引进有经验和资金实力的公司，有技术支持的科研单位，强强联合，提升出版产业基地品位，提高出版产业基地影响力，加强自我造血功能，做到“高端大气上档次”，又“低调奢华有内涵”。

4. 把开放联合和加强内控协调起来。建立和强化内控机制，我社将进一步实施机构改革、竞聘上岗，优化配置人力资源，科学制定人才规划及用人计划，坚持内部培养使用和外部吸纳引进相结合，进一步健全选题策划中心架构；建立健全激励与约束并存的人才管理制度，全面签订劳动用工协议。强化财务部门资金管控功能。

二、重点工作和举措

1. 精心打造《生态文明建设大辞典》。该书为十八大主题书，也是我社申报 2014 年国家出版基金的重点书（预计可获国家支助 150 万左右），必须保质保时，体现出我们的能力和水平。

2. 整体规划与设计，分卷实施。全面启动重大出版工程《中国古代科技文献集成》编辑出版工作。该书聚集了中国一流的科学家、古籍整理学家，近百名专家联合打造，目标是推出一套完整、系统的科技古籍整理系列产品，纸质和数字同步推进，打造成国内顶尖，具有独占性，无法超越标志性出版工程。既是各大图书馆必备，也是世界研究中国文化必备的出版物。全书分三年实施，明年必须有阶段性成果，确保《古代农学（农政全书）》卷完成推出及部分古医学文献推出。确保其中的 1-2 个子项目列入明年 3 月份要论证的国家古籍整理项目中。力争将全书列入 2015 国家出版基金规划。

3. 高质量地完成其他重点选题的编辑出版。力求在“六个一”建设工程上取得大突破。

4. 加强常、畅销图书产品线的建设。一是高质量地打造“舌尖上的健康”彩色图书系列，在今年已完成 15 册的基础上，明年 5 月将全面完成余下 33 册，首印 8000 套，全面投放市场，力求年内再版一次。努力使我社健康养生类产品在质量和效益跨上新台阶；二是继续完善科普产品线的建设，在 2013 年改造我社老版图书 100 种的基础上，通过引进和原创，确保再推出新品种 50 个，丰富动销品种数量，力争在市场，特别是馆配市场上再创佳绩。

5. 着力开发一套新的非同步类教辅。夯实、丰富教辅产品线的品种，确保效益进一步提升。

6. 修订完善现有的高职高专、大中专教材。以护理教材为起点，联合开发、引进全套高职高专国标教材，培育新的经济增长点。

7. 加强社办期刊的建设力度。在维护稳定的基础上，进一步提升内容质量、发行册数和广告数量。《农村百事通》着力打造升级版（季刊），加强与中国农业科学院的合作，创新办刊模式和盈利模式，以宣传中央城镇化建设精神和高科技生态农业知识为基础，以高端作者，高品质内容为支撑，面向大的涉农企业广告宣传；以培训、广告会议活动为主要的盈利模式，进一步做强做大农村百事通。《家庭百事通》则以创办《健康一点通》为切入点，为全民健康提供良好的内容资源。特别是加强与健康产业与民营企业的联合，以求共同发展，合作共赢，。

8. 加强出版产业基地的建设。努力达成与中国农业科学院的全面合作。调整基地的部分产业布局，如增加“太阳能植物工厂、生态农业科技开发中心等，创办《农村百事通》升级版，实现以《农村百事通》为理论平台，以《农村百事通》为时实践培训平台，新的出版模式。成功实现传统的纸媒的转型升级。打造示范样本。明年务必全面完成基础建设加强营销力度，力求在今年 500 销售的基础上，有大的突破。到 2015 年实现翻番。

9. 加强发行渠道建设。在发行业态发生重大变化的今天，强化发行营销队伍建设。一是加强对渠道终端的控制，精准发货，控制退货率；二是加强终端信息的收集；三是组建网店营销组，联系当当、京东、淘宝、卓越和编辑共同研究营销书名、广告语等，加大网络销售；四是加强图书馆馆配，省内大中专学校直销点的建设，减少中间环节，努力实现效益最大化。

10. 调整组织机构与考核工作。我们将进一步完善组织机构，让确实有组织能力和领导能力的人来负责各部门工作，明确工作人员的责、权、利等，各司其职，使工作有序推进。第一，为保障组织机构和经营发展协调一致，企业的发展要靠业务的支撑。因此，给业务人员以业务支撑的岗位，开辟业务晋升渠道，整合机构，重新规划成立以项目为核心的工作室。强化服务意识。精简部分行政部门，成立综合管理部。以服务为先，做到为大局服务、为发展服务、为业务服务，使得保障部门更加有效，把企业的发展推向一个新的台阶；第二，严格落实我社《经营目标考核办法》，与各部门签订年度目标考核责任书。

江西美术出版社

做强产业链　扩大影响力

2014 年、2015 年是“十二五”规划落实的关键性的两年，我社要在集团公司、股份公司的正确领导下，把握改制上市的机遇，不断深化改革创新，突破发展瓶颈，用科学发展观统领工作全局，务实创新，开拓进取，快速而又稳定地促进产业发展，全面树立我社品牌，提升市场竞争力和综合实力。具体工作思路是：“抓大书、抓数字出版、抓一般图书”，扩大影响力，做强产业链，提升传播力。以内容为抓手，以品牌为追求，站稳全国专业出版第一梯队的位置。

一、出版主业，扩大影响力

1. 抓好《中国当代国画名家大典》、《陈师曾全集》、《八大山人研究大系》、《景德镇元青花》、《中国古代名窑》等重点图书项目的出版和申报“十二五”国家重点选题、参评国家“三大奖”、优秀通俗理论读物等重大奖项出版物、申报入选“双百”出版工程及中宣部、国家新闻出版广电总局等重点推荐出版物工作。

2. 继续抓好教材、教辅的品牌建设，维护现有市场，努力开拓新市场，挖掘潜在市场。同时还要抓好《书法练习指导》的送审工作，力争教育部审查通过。

3. 创新出版理念，加快数字出版进程。在国内外数字出版新业态环境下，积极探索数字出版的商业模式和增值服务手段，建立和完善我社图书数据库，搭建数字化资源平台，加大 APP 图书产品的开发与制作，使专业数字出版成为我社新型出版形态。

4. 优化选题，调整结构。对业已形成的优势板块选题继续开拓发展、扩大市场份额，对经市场检验不适销的板块予以调整，扶优汰劣，双效统一。

5. 稳步推进“走出去”工程，充分发挥美术专业社的资源优势，争取在对外版权输出方面取得更好的业绩。

二、做强产业链，形成强支撑

1. 江右翰墨公司将延续和强化发展思路，继续开发适应市场需求的重点选题，拓展电子商务平台业务。

2. 江美长风公司将继续规范管理，以开拓市场、扩大公司的影响力为主，加强对 2013 年的产品货款回收工作，积极推出美术类常销畅销产品。

3. 江美数码公司要继续以拓展仿真画的市场份额为中心，搭建相适应的供货和销售渠道，同时加强公司品牌宣传力度，通过策划一些活动提升公司品牌形象。

4. 松梅轩画廊明年工作的主要任务是创新、开拓、提升经营规模，谋求更大发展。继续做好包装代理画家的工作；积极策划有品位、有影响的各种个人展览。

5. 景德镇基地一方面要进一步完善各项管理制度，向管理要效益；另一方面要确立陶瓷艺术品发展目标和方向，完善市场调研与新项目的基础开发，在陶瓷产品上加大创新力度，努力寻找新的经济增长点。

百花洲文艺出版社

坚持精品出版　培育市场品牌

在新的出版形势下，百花洲文艺出版社进一步解放思想，转变观念，深化改革，推进发展，企业焕发出新的生机与活力，在管理方式和经营模式上有很大的改变，图书出版工作呈现新的气象。近年来，我社注重市场调研和读者需求的变化，结合自身实际，发挥优势，积极探索适合自身发展的道路，找准出版定位和方向，明确产品生产线建设，精心打造图书出版板块，坚持精品生产，培育图书品牌，推出了《致我们终将逝去的青春》、《红药》、《中国微型小说百年经典》、《外国微型小说百年经典》、《隋是唐非》、《同心共圆中国梦》等一大批好书，深受广大读者和社会的好评。

2014 年，我社将继续加大原创作品出版力度，积极实施精品图书战略。我社围绕已经形成“绘帝国”原创长篇小说产品线、现当代作家作品产品线、思想道德读物产品线、心理励志类读物产品线的建设打造品牌，做出特色，不断地开发具有持久生命力的市场图书选题，做到“让经典成为流行，让流行成为流传”。

在 2014 年北京图书订货会上，我社将推出的重点图书有：《2013 年中国文学排行榜系列》、《中文之美书系》、《微阅读 1+1 工程》、《爱情公寓小说完整版》、《阿黛尔传：像你一样的人》等畅销图书。

《2013 年中国文学排行榜系列》共 6 册，从诗歌、散文、思想随笔、中篇小说、短篇小说、微型小说 6 个方面集结了 2013 年文学精品。此书由李敬泽、邱华栋、贺绍俊等名家鼎力推荐。

《中文之美书系》有《立场》、《虚构·中篇小说》、《虚构·短篇小说》、《领衔》、《前世》、《叙事》、《重建》，是从《百花洲》品牌栏目近年来的诸多作品中，披沙拣金，把最佳作品评选编辑出来，以飨读者。

《微阅读 1+1 工程》旨在打造目前市场上最权威的微型小说选本，

收录了一百位微型小说作者的创作成果，各自成册，此次推出第一辑共 30 册。

在巩固经典出版品牌的同时，我社积极开拓了青春文学板块，实现引进与原创双核驱动，该板块的重磅产品有影视同期书《爱情公寓小说完整版》和名人传记《阿黛尔传：像你一样的人》。

我社本次展出的图书品种多样、类型丰富，集中展示了文艺社近年的精品图书和畅销书，我们相信，2014 年的百花洲文艺出版社在图书市场上将有卓越的表现。

中国和平出版社有限责任公司

力拓发展格局　提升品牌价值
打造和平出版社核心竞争力

中国和平出版社有限责任公司作为我国首家跨地域重组的股份制出版社，一直受到社会各界的广泛关注。完成重组改制后的出版社，需进一步克服转型期困难与市场竞争压力，努力实现出版规模效益的增长与品牌价值的提升。2013 年，和平社完成了销售收入增长 40%、利润翻番的经营目标，实现了出版规模与效益双增长，为进一步实现转型发展、创新发展战略，提升品牌价值迈出了坚实的一步。

未来几年，和平社将坚持务实发展工作思路，进一步贯彻落实江西出版集团发展战略、产业布局及资本运营要求，提高出版规模品质、打造核心竞争力、力拓发展格局、提升品牌价值，以产品线建设和重大出版项目的组织实施为抓手，努力实现图书规模及销售收入年增长 20% 以上，利润年增长 40% 以上的经营目标。

一是以产品线建设为核心，凸显图书出版品质与规模。在坚持少儿出版定位，保持助学读物主体的基础上，力拓社科人文与学术出版。在少儿出版方面，打造“宋庆龄阅读馆”、“和平阅读书系”、“少儿书画入门”、“咸蛋超人”系列图书等精品产品线。在助学读物出版方面，打造“精品教辅”、“新课标导学”、“高中名校导学案”、“五彩晨读”及“探究自然主题阅读”系列图书产品线。在人文社科出版方面，推出“历代名家笔记精华”、“中国人”、“名家说史”、“中国文化常识”、“民国学术大师文库”等系列图书。

二是以组织重大项目为抓手，提升和平社品牌价值。2014 年，将对已列入国家“十二五”重点出版规划的《发现之旅》进行精品出版与延伸开发。将启动《中华民俗文化大典》、《中华易学全书》等大型出版项目的出版工作。配合 2015 年中国人民抗日战争暨世界反法西斯战争胜利 70 周年，出版 60 卷本《侵华日军第 731 部队罪行实录》，组织《中国战场的千里无人区》编撰出版。同时还将陆续推出《新中国文物捐献精品集》、《京剧舞台美术图谱全集》等重大出版项目。

三是努力适应数字出版转型。我们以组织出版入选国家新闻出版改革发展项目库的《中华德育故事》项目为抓手，充分运用数字技术，创新传统编辑加工方式，努力适应数字出版转型。同时还将以我社期刊出版为基础，探索音像电子出版和发行的新模式。

四是积极构建学术出版品牌。我们利用首都的出版资源，开发学术出版，力争进入学术出版阵地，构建学术出版主要学科领域的出版品牌；充分发挥“中国宋庆龄基金会”的国际影响力，组织策划一批外宣出版项目，争取进入国家外宣出版方阵。

齐鲁书社

固本守正　开拓创新

齐鲁书社（全称：山东齐鲁书社出版有限公司），成立于1979年春，是一家以出版文史古籍和学术著作为主，兼及优秀传统文化普及读物和助学读物的专业古籍出版社。

齐鲁书社建社30多年来，立足本省、面向全国，以弘扬传统文化、繁荣学术出版为宗旨，固本守正，开拓创新，出版了大量高水平的古籍整理图书、高品位的学术著作和优秀的传统文化普及读物，如《四库全书存目丛书》、《钦定古今图书集成》、《全明散曲》、《全清散曲》、《王士禛全集》、《郝懿行集》、《陶文图录》、《齐鲁文化经典文库》、《中国美学思想史》、《中国美术史》、《校雠广义》、《汉语官话方言研究》、《传统文化面面观丛书》、《中国古典小说普及丛书》、《明代四大奇书》等等。齐鲁书社出版的图书曾先后荣获中宣部“五个一工程”奖、国家图书奖、中国图书奖、中国出版政府奖提名奖、中华优秀出版物奖提名奖等一系列大奖，踏踏实实地走出了一条创特色、出精品、树形象之路，被海内外读者誉为“文兴齐鲁，功在学林”。

山东是齐鲁之邦、孔孟之乡，历史悠久，文化丰富。作为中华民族主流文化的主要发祥地，这里人文荟萃，积淀着丰厚的文化底蕴，蕴藏着亟待世人发掘的文化宝藏。齐鲁书社作为地方古籍出版社，担当起发掘齐鲁文化宝藏，使之弘扬光大的重任，逐步形成了儒家文化、兵家文化、齐文化、易学、道教等系列图书板块。

齐鲁书社以把自身打造成为国内外重要的儒家文化图书出版重地为目标，充分发挥古籍出版社专业优势，坚持围绕弘扬优秀的中国传统文化，积极组织策划选题，加大人力、物力和资金的投入，逐步形成以儒家文化为中心的中国传统文化系列图书板块，不仅提高了本社的图书品牌和形象效益，更为今后进行图书版权输出打下了良好的基础。

多年来，齐鲁书社先后出版了《中国孔子基金会文库》、《论语今译》、《孔子圣迹图》、《大哉孔子》、《话说孔子》、《儒家名典箴言录》、《孔子家语通解》等等一大批儒家文化的图书，同时还相继出版了《孔子名言》、《孟子名言》、《儒家名言》、《论语今译》、《绘图本儒家者言》等多种儒家文化图书的汉英对照本，取得了良好的社会效益，为传统文化的积累与传播做出了应有的贡献。

2014 年，书社继续坚持正确的出版导向，固本守正，开拓创新，弘扬优秀的中华传统文化，年初将出版列入 2011—2020 年国家古籍整理出版十年规划重点项目的《孟府档案全编前集》，2014 年底推出《孟府档案全编后集》；已经列入国家“十二五”图书规划和国家古籍整理出版十年规划重点项目的《孔府档案全编》是我省一项抢救、保护、挖掘、整理孔子文化遗产的大型文化出版工程，今年这项工作也将启动；其他项目如《朱有燉文集》、《容肇祖全集》、《中国陶瓷史》、《清经解四编》、《齐鲁商贾传统》、《香港大学饶宗颐学术馆研究丛书》、《中国近代文化名人传记丛书》等也将陆续出版。

河南人民出版社

责任与梦想

河南人民出版社社长　刘晓明
河南人民出版社总编辑　陈智英

踏着全面深化改革的铿锵节拍，迎来了充满朝气、充满希望的2014年。在新的一年里，我们将以新的形象、新的作为，谱写改革新篇章。

履行传播主流思想价值之责，组织好宣传研究中国特色社会主义理论体系的图书，重点做实中国梦、社会主义核心价值观、全面深化改革方面的主题出版。既要讲好“普通话”，围绕主导性理论、史诗性实践、代表性人物，展现中国共产党人理论创新、实践创新成果，揭示时代精神；又要讲好“河南话”，结合河南实际，反映中国特色社会主义在河南的发展进程，回答实践课题；还要讲好“群众话”，发挥通俗政治理论读物顶天立地的独特作用，解疑释惑，回应关切，引领鼓劲。

履行传播社会主义先进文化之责，策划好展现哲学社会科学最新进展的力作。集聚传统出版资源，优化政治、历史、文化、经济、青年读物出版板块。既注重谋划高品位的学术著作，散发出紫罗兰的幽香；又精心推出言简意赅的普及读物，释放出玫瑰花的芬芳。

履行传播中原人文精神之责，建设好中原文化出版高地。刊行一批系统探讨中原人文精神内涵、特征、作用等内容的精品，将中原文化做深做透，形成新气韵、新风姿。

履行服务地方之责，支撑好党委政府的中心工作。以国家粮食生产核心区、中原经济区、郑州航空港经济综合实验区建设为抓手，记录河南热气腾腾的科学发展，展示中原儿女锐意进取的精神风貌，讲好河南故事，唱出河南好声音。

著名出版家陆费逵曾精辟地论述出版人的职责：“我们的书业虽然

是较小的行业，但是与国家社会的关系却比任何行业都大。”2014年，我们将不断强化政治责任、文化责任、社会责任，思想再解放，放宽视野，将十八届三中全会精神、河南发展战略对接本社实际，转化为具体推进方案，把握出版的变与不变，在制约出版发展的关键点、关节点上取得新突破；发展再加快，完善出版布局，不仅进一步扩大出版规模，满足读者阅读需求，还要切实提升社会影响力，为传播真理、承续文明、记录时代增重添色；出版再务实，将“竭诚为读者服务”的韬奋精神落实到每个出版环节，对书稿千研万磨，对印制营销精益求精，对新型出版方式积极探索，快出历久弥新的图书，多出留得下来的图书。

人勤春来早，春江早放舟。作为当代河南出版源头的河南人民出版社，即将迎来建社65年纪念日。以此为契机、为动力，我们将举着“刊名作、出名编、成名社”的发展之旗，书写新的光荣与梦想。

海天出版社

海阔天高出好书

海天出版社社长
陈新亮

深圳市海天出版社狠抓出好书、出精品、创品牌，着力于精品图书的生产。2013 年，海天出版社已出版《中国设计全集》（联合出版，20 卷）、《饶宗颐书画大系》（24 册）、《自然国学丛书第二辑》（7 册）、《杨争光文集》（10 卷）、《本色文丛·阅读札记》（4 册）、《本色文丛·学术与文化人日记》（6 册）、《本色文丛·海外文化札记》（2 册）、《行走文丛》（3 册）等。

2014 年，海天出版社将从以下几点着力：

一、关注主题出版选题，精心组织一批政治导向好、学术价值高、艺术性强的精品选题。我们还要努力延伸与拓展自身的业务重点，积极策划、组织畅销书的出版。

二、继续抓服务于国家文化战略、增强国家文化软实力、反映国家意志的重大选题与重点出版项目，为地方文化建设与繁荣，编辑出版一批图书，如《中国玉器通史》（12 卷）、《中国花文化史》、《柳鸣九文集》（15 卷）、《深圳学派建设丛书》（首批 6 册）、《深圳改革创新丛书》（首批 6 册）、《自然国学丛书第三辑》（8 册）、《人类文明读书课系列》（6 册）、《本色文丛》、《深圳风物志丛书》（5 卷）、《深圳读书月文丛》等；同时启动《中华风物志丛书》（34 卷）等重点图书项目。

三、注重原创作品，深度规划和拓展已有系列图书的产品线。紧紧围绕《花季雨季》、《青春读书课》图书品牌，做好培植与延伸青春读物产品线的规划工作；拓展经济读物产品线中实用经济管理领域的“微观”作品；《本色文丛》向人文学术随笔、文化札记延伸；《行走文丛》将会拓展到海外的原创作品。在引进海外读物、培植特区读物方面，紧紧围绕青春读物板块、经济读物板块、人文社科板块策划选题。

四、举全社之力，以高度的责任感保证编校质量，抓好本地教材教辅的编辑出版；努力增加本地教材教辅目录的品种。我们还要积极探索与培育教育类一般图书选题，努力形成教育读物板块。

四川人民出版社

四川人民出版社2014年发展规划

四川人民出版社总编辑
刘周远

2013年，四川人民出版社按照新华文轩的总体部署，认真学习贯彻党的十八大精神，严格遵守和坚决执行党的出版方针政策和国家出版法律法规，坚持正确的出版方向，把出版工作的社会效益放在首位，继续深化改革，努力开拓进取，出版了一批优秀图书，取得了较好的社会效益和经济效益。主要表现在，积极策划出版了学习宣传党的十八大精神、实现伟大中国梦、纪念毛泽东同志诞辰120周年等一批主题图书，圆满完成了“深入学习宣传党的十八大精神主题出版重点选题”、国家出版基金和国家民族文字出版专项资金项目、“大中华文库”项目等一批国家重点出版项目，努力推出了一批适应读者需要、有市场号召力的图书，继续做大做强证券投资等优势图书板块，输出了十多种优秀图书的外语版权等。

2014年，四川人民出版社将在党的十八届三中全会精神指引下，对图书出版工作进行重点规划，并积极改革，大胆开拓，创新手段，争取使出版主业上一个新的台阶。

一是着力推出一批学习宣传党的十八届三中全会精神、实现伟大中国梦、纪念邓小平同志诞辰110周年、宣传党的群众路线和社会主义核心价值观等方面的优秀主题出版物；准备一批纪念抗日战争暨世界反法西斯战争胜利70周年、弘扬爱国主义精神的重点选题。

二是出版一批有文化积累传承价值的优秀学术著作、适应市场需求的优秀大众读物，准备一批中长期计划的重点图书选题；积极申报省级以上各种重点图书项目和参与主要的图书评奖活动，并拟以纪念

“走向未来丛书”出版 30 周年为标志重塑川人版图书的市场号召力。

三是根据新的出版发行形势和要求，对社内部分生产部门、职能以及人员配置进行适当调整，进一步理顺各生产部门内部及外部的关系，形成出版社内部的良性运行机制，并通过引进优秀人才充实和加强编辑、营销、发行队伍。

四是在修订业务管理和考核条例时，增设开拓、创新和突出贡献奖，加大对开拓创新有功人员的扶持、激励和奖励力度，并在各个方面做好服务工作，为优秀人才的能力施展搭建良好的舞台，为年轻业务人员的快速成长创造良好的环境。

五是大胆开拓数字出版业务，创新手段和形式，比如：重点推出一批适合手机阅读平台的时事类、故事类图书；争取在部分门类上推出一批不出版纸书的选题，大胆尝试按需印刷，在经过网络读者检验的基础上选择较好的品种出版纸质图书；推出数个立体开发的出版业务项目，争取获取较好的综合效益。

六是加大力度提升图书的装帧设计水平，包括提升社内设计人员的设计水平，择优选择社外设计人员和设计公司并建立稳定的合作关系；对印刷材料和印制工艺提出更严格、更合理的要求，在提升印装质量的前提下努力降低印刷成本。

七是对社办杂志《龙门阵》进行创新改造，主要是调整杂志的开本形式、栏目内容和设计风格，并开展若干宣传营销活动，提升杂志的品位和档次，提升对广告客户的吸引力，争取在两三年内办成西部一流、有全国影响的杂志。

坚守阵地、开拓创新、打造品牌、重振雄风是 2014 年四川人民出版社出版工作的关键词。

四川教育出版社

大力推进战略转型　创造更加辉煌业绩

四川教育出版社社长
雷　华

四川教育出版社是西部地区规模最大的中小学教材教辅出版社和重要的学术图书出版基地，先后出版国家和地方教材 500 余种，出版“现代教育理论丛书”、“中小学教育改革与实验丛书”、“中国教育热点难点丛书”、《陶行知全集》、《西方教育思想史》、“科学思想文库”、“东亚人文 100”等大型丛书与重点图书，获得国家级、省级奖励 400 余项。根据新闻出版广电总局（原国家新闻出版总署）发布的《新闻出版产业分析报告》，四川教育出版社在全国地方图书出版社总体经济规模综合排名 2011 年为第 10 位，2012 年为第 5 位，2013 年应该还有所上升。

2010 年四川教育社整合进入新华文轩出版传媒股份有限公司后，充分发挥资源优势，加强内部制度建设，优化组织机构及生产流程，完善绩效考核体系，激发活力；抓住中小学教辅材料出版、发行治理整顿的机遇，经原国家新闻出版总署审批成为四川省唯一取得全学科教辅材料出版资质的出版社，经四川省教育厅审查通过、上目录品种 400 多种，是目录产品全学科、全学段覆盖的唯一出版社，进一步巩固、扩大了在四川省教材教辅市场的优势地位；对教育产品进行优化、升级，同时根据市场需求研发新品种；除教材教辅产品外，近年来与中央电视台合作开发《贸易战争》、《中国凭什么影响世界》，版权输出到日本、韩国等国家以及我国台湾地区；积极参与“东亚人文 100”项目，开发的幼儿英语系列教材《凯文英语》版权输出到阿拉伯国家，在国际化方面迈出了坚实的步伐；开源节流，大力拓展省外市场，内部挖潜，减控各项成本，取得了社会效益和经济效益的双丰收：4 套图书入选

“十二五”国家重点图书出版规划，《中国社会科学院历史所藏古代契约文书丛编》入选《2011 ～ 2020 年国家古籍整理出版规划》，“20 世纪中国教育家画传”（10 本）获得国家出版基金资助，《东亚人文 100 导读》获亚太出版商联合会（APPA）图书奖金奖，获得第四届中华优秀出版物奖、科技部 2011 ～ 2012 年全国优秀科普作品奖、四川省第十二届精神文明建设“五个一工程”奖、2012 年“四川图书奖”（4 个一等奖）等各类奖项；从 2011 年起连续三年销售收入、利润大幅度上升或翻番。

展望未来，四川教育社将乘十八届三中全会之东风，加大改革创新力度，大力推进战略转型，继续保持强劲的发展势头，创造更加辉煌的业绩，再上新的台阶：从依赖义务教育产品逐步转变为保持义务教育产品优势地位，拓展领域，实现幼教、基教、高教、职教、成人教育、家庭教育、教育理论、心理学以及其他高端学术等产品全覆盖，形成全方位、多元化、系列化、立体化的教育产品出版格局；从纸介出版逐步向新型全媒体教育出版转变，积极介入电子书包、远程教育、大规模在线开放课程（Massive Open Online Courses）、移动教育、云教育平台等；从内容提供商向教育服务提供商转变，提供教育出版、教育测试、教育培训、教育咨询等综合性教育解决方案。

四川少年儿童出版社

做好做优是做大做强的前提

四川少年儿童出版社社长
常 青

2013 年，四川少年儿童出版社在冷静分析自身优势和劣势的前提下，致力更新观念，充分研究少儿出版市场的现状和国内少儿出版的趋势、出版亮点、畅销品特质以及一流兄弟出版社的成功经验等，找差距，抓重点，寻求突破口。四川少儿社认为，在目前新媒体、新技术的冲击和市场化程度越来越高的大背景下，出版社要想不被淘汰并取得发展，最重要的就是选对方向走对路。首先要尊重客观现实，既看到自身的优势，也要承认自己的不足，按专、精、特、新的要求探索和创新机制，从而确立自己独特的发展之路。“做大做强”固然很好，但前提是“做好做优”。如果目前不具备做大而强的条件，那就争取做中而优或者做小而特。先做好、做优、做实，再努力争取做大做强。从而确定四川少儿社生产经营工作的指导思想，即：明确本社的出版定位和主攻方向，注重调研，处理好规模与效益、继承与创新的关系，不追求粗放式、无效益的品种规模，而是立意于精品、着力于细节、取法于创新，缩减选题数量，减少平庸书的出版，集中精力打造优势产品线，以求尽快改变现状；同时，积极借势借力，合纵连横，与国内一流文化公司和兄弟出版社合作，共同研发高品质图书，力求以畅销书为先导，以常销书打基础，努力提高产品的变现能力，稳步扩大市场占有率，追求产品高质量，发展中速度，经营低风险，确保双效，实现发展。

2013 年 2 月初，川少社与取得国内原创动画片《熊出没》图书独家授权的北京华图宏阳图书有限公司合作，共同推出根据动画片《熊出没》形象和故事改编的系列抓帧漫画和系列图书，希望能借此品牌在较短的时间内打造出有市场号召力的旗舰产品，迅速带动社内其他产品的销售，提升出版社形象。

《熊出没》系列抓帧版漫画图书刚一推出便接到到各地经销商的火热订货，首版图书还未入库，便已经开始再次印刷，市场销售反响强烈，一个多月加印四次；据北京开卷信息技术有限公司发布的“全国少儿类图书2013年2月新书销量排行榜”显示，该套书列全国少儿类图书当月新书销量排行榜第一名，并连续三个月入围开卷“全国少儿综合类图书排行榜”前50名。因为《熊出没》系列产品，川少社在开卷“少儿总体图书市场出版社占有率排行榜”上，由今年1月的26位逐月上升至23位、18位到14位，这是川少社自2007年以来在此排行榜上的最佳排位。

目前，《熊出没之环球大冒险（丛林篇）》系列漫画图书已重印6次，累计印数23万套，累计码洋高达3680万元。截至11月30号，我社《熊出没》系列图书共出版115个品种，累计印数510多万册，累计总码洋达7650多万元。为川版动漫图书增添了一个重量级品牌。

此外，川少社注意针对当代少年儿童特点，坚持不懈地推出弘扬爱国主义、中国特色社会主义、集体主义和加强未成年人思想道德建设的优秀读物。2013年，川少社图书《巅峰》，荣登国家新闻出版广电总局“2013年向全国青少年推荐的百种优秀读物”；《青年邓小平》入选中宣部、教育部、共青团中央向全国青少年推荐的100种优秀图书；《棒小孩日记》系列图书入选原新闻出版总署第四届“三个一百”原创出版工程。

下一步，川少社将科学规划和优化实施主打产品线，着力优化选题，大力培育双效品牌，强化宣传营销，努力追求“畅销与常销并重，自力与助力相辅，主旋律与多样化共举”的良好出版格局。同时，合理布局，在夯实内容主业的基础上，积极尝试跨媒体合作，打造少儿出版产业链，努力探索将丰厚的出版资源整合成能够呈几何级数增长的良性产业结构，以新的特色和方式在市场立足。

四川科学技术出版社

走“专精特新”之路　为文化强国服务

四川科学技术出版社社长
钱丹凝

党的十八大明确要求推进社会主义文化强国建设。出版社作为文化产业的主力军之一，在推进文化繁荣、建设文化强国的过程中，肩负着义不容辞的责任和义务。

四川科学技术出版社成立于 1982 年，是一家实力较强的地方科技出版社，并拥有《大自然探索》（曾获国家期刊奖百种重点期刊）、《健康与营养》两家科技类杂志社和“华科音像出版社”副牌。建社 30 余年来，川科社始终坚持“弘扬科学精神，助推科技发展，普及科学知识，传承传统文化”的办社宗旨，共出版图书近 8000 种，其中有 500 余种图书先后获得中国图书奖、中华优秀出版物奖、全国优秀科技图书奖、全球华语科幻星云奖金奖、全国优秀畅销书奖、全国青少年最喜爱的读物、全国服务三农优秀图书等，并连续多年入选国家“三个一百”原创图书出版工程，社会效益和经济效益显著，被评为“全国科普工作先进集体”、“四川省科普工作先进集体”、“四川省文化科技卫生‘三下乡’活动先进集体”，为我国的科技进步和文化强国建设做出了较大贡献。

展望 2014 及未来几年，川科社将深入贯彻落实党的十八大和十八届三中全会精神，深化改革，坚持办社宗旨，坚持走“专、精、特、新”的发展道路，为全民综合素质的提高，为科技进步和科技强国建设，推出更多更好的精品力作。

一、坚持专业化、精品化出版方向

川科社在科技专著、科技成果转化方面形成了品牌，获得了良好的口碑，《中国立体农业概论》获中国图书奖，《中国两栖动物彩色图鉴》获中华优秀出版物奖；《科普学》《整合科技资源 跨区域科技赈灾》《突发公共事件应急医学》等入选国家“三个一百”原创图书出版工程。2014 年将推出《中国水电建设百年纪实》、《肿瘤病毒学》、《中国不同储粮生态区域储粮工艺研究》等一批高水平的科技专著。未来，川科社将继续关注科技领域专家学者的研究动向和研究成果，为广大科技工作者、生产实践者提供最新、最权威的学术精品。

二、坚持特色化的发展之路

川科社在中医中药、养生保健、餐饮旅游、科普科幻、“三农”读物等方面，已形成了板块优势和独具特色的品牌，并首批获得国家养生保健类图书出版资质，近年来推出了一大批市场反响较好的大众图书，如《中国民间医学丛书》、《中医精华丛书》、《中国川菜》、《开餐馆的滋味》、《探秘中国西部自助游丛书》、《青少年科普馆丛书》、《世界科幻大师丛书》、《中国科幻基石丛书》、《现代养殖技术丛书》等。尤其是 2013 年推出的《你吃对了吗？》一书，是由养生类收视冠军栏目北京电视台《养生堂》主持人悦悦携手当下最畅销的养生类图书作者、北京协和医院营养科于康教授首次联袂推出的中国家庭饮食必备红宝书，是一本充满健康知识的营养保健指南，受到广大读者的追捧，销售火爆，多次位列大众健康类图书排行榜首位。新的一年，川科社将在特色板块、优势板块上做足文章，以赢得更大的市场空间。另外，四川是中医中药和餐饮旅游方面的大省、强省，未来，川科社将充分利用这一资源优势，为传承传统文化和“走出去工程”做出新的贡献。

三、坚持改革、创新并举

在新形势、新环境下，川科社将采取切实有效的改革措施和创新手段，以更具有竞争力的市场主体参与市场竞争，去迎接挑战和机遇，为企业品牌建设和发展壮大不断注入新的活力。

首先是深化改革，机制创新，充分调动社内广大职工的积极性，营造良性竞争的内部氛围；丰富营销手段，开拓可持续发展的外部环境。

其次是坚持三贴近的指导思想，力争推出一批既叫好又叫座的精品力作。

第三是创新思维，将传统出版融入世界创意经济的时代大潮之中，在发展数字出版和新业态方面力争有较大突破，推动内容资源的运营从单一纸介质的一元经营为主，向多种传播载体的多元经营转变，推动出版社从传统出版业态向现代出版业态的转型。

第四是充分利用两个社办期刊和副牌“华科音像出版社”资源，实施书刊互动、书盘互动，获取更大的双效益。

第五是加强电子商务，在已经开设官方微博和淘宝书店的基础上，进一步加大网络营销力度，专设网络营销部门，配置强有力的网络营销团队，让好书为更多的人服务。

第六是继续做好“走出去”工程的工作，瞄准海外市场，扩大版权输出，让优秀的中国文化走向世界，为文化强国建设服务。

打造高端艺术产品　延伸文化产业链

四川美术出版社社长
马晓峰

在出版数字化的当下，美术出版的内涵和外延已逐渐扩展。四川美术出版社作为西南地区唯一一家美术专业出版社，也在数字化浪潮的冲击下积极寻求新的出路。四川美术社在原有美术、摄影、书法字帖、艺术教材、卡通连环画、少儿书籍等产品的基础上，努力创新，不断延伸选题范围，打造了一批新的产品，开拓了一片新的市场。目前，四川美术社已经有十三个产品线，涉及高、中、低三个产品层次。特别是近两年我社在高仿书画领域和延伸图书产业链等方面所作的努力，取得了阶段性的成果。在市场化的今天，四川美术社将在"传承文化、弘扬艺术"的宗旨下，建立健全现代化文化企业运行机制，力争打造高端艺术品出版基地。

为了增强出版社的市场竞争能力，提高出版社及其文化产品的市场影响力，适应市场化和数字化转型的需求，四川美术社对从产品范围到整个产业链运作进行一系列的变革措施。

首先，在分析艺术品走向和市场调查的基础上，进军高仿书画领域，现已出版高仿书画产品 20 余个品种。这其中包括 2010 年保利春拍中以 4.3 亿价格成交的北宋黄庭坚的《砥柱铭》，也有如《千里江山图》、《清明上河图》的博物馆镇馆之宝。2013 年，四川美术社继续拓展高仿书画产品线，在已有书画品种的基础上，新增了唐卡高仿产品，并于巴蜀画派代表人物——陈子庄百年诞辰之际推出其书画的高仿产品。这些高仿作品都是名家名作，历史久远，真迹难得。出版社将利用自己的优势，在取样后采用日本高仿真技术对其进行一比一还原，让这些难得一见的书画作品有了“飞入寻常百姓家”的可能。

此外，为应对数字化冲击，四川美术社注重产业链的延伸，积极筹建巴蜀艺术家及其作品数据库。我社立足于巴蜀之地，充分利用所拥有的丰富的作者及内容资源，在全面收集四川历代艺术家的生平、作品简介、作品拍卖情况等资料的基础上，系统地整理书画及摄影名家作品，对外推介四川省知名艺术家及作品，传承历史文化，扩大四川的文化影响力。目前四川美术社已经开始以条目为单位，对艺术类作品内容、作者简介、已出版图书信息等详细数据内容进行整理、标记、优化。该数据库的建立能为未来出版社选题创新、专业市场需求服务，通过精准快捷的搜索功能，让出版社寻找到新的生存空间，实现向内容资源提供者转变。

在出版转型过程中，四川美术出版社打破传统的经营理念与经营模式，采取“遍地开花”的经营方式。在艺术数据库打造的基础上，还设立艺术类衍生品研发、推广中心，将开发制作销售具有地方特色的小创意工艺品，如川剧脸谱、刺绣印染挂饰、历史人物小雕像等，使艺术融入生活。

四川美术出版社利用所拥有的资源优势，将内容价值最大化，不断延伸产业链，这不仅是市场竞争的要求，也是出版业健康发展的新方向。

从《瞻对》看文艺社改革举措和创新手段

四川文艺出版社社长
叶　勇

四川文艺出版社多年来致力于主旋律原创文学的开发，在抓好社会效益和经济效益时始终将社会效益放在第一位，策划出版了大量具有良好社会效益的原创文学作品。

过去几年，四川文艺社通过各种途径广泛联系全国知名的作家，与省内知名作家保持密切联系，并广泛发掘具有潜力的本土新锐作家，大力扶持主旋律原创文学出版。出版社并入新华文轩出版传媒股份有限公司后，利用文轩平台，抓大作家、大选题、大项目，实现了地方出版社的大跨越。大气魄、大手笔、大动静、大影响、大效益，预见性地策划和组织选题；调配优质资源，集团作战，集中优势兵力，体现整合的力量；精心调配协调，保证产品高起点、高水平、高质量。出版了诺贝尔文学奖获得者莫言的《莫言自选集》，获得中宣部“五个一工程”文艺类图书奖的黄亚洲的长篇小说《雷锋》，茅盾文学奖获得者熊召政的长篇小说代表作《张居正》，著名作家关仁山为5•12汶川大地震三周年创作的长篇小说《重生》等，均取得了广泛的社会影响和可喜的销售业绩。

未来，四川文艺社的重点选题依然放在原创文学上，著名作家阿来的新作《瞻对：终于融化的铁疙瘩——一个两百年的康巴传奇》就是将要重点推出的一部大作。

阿来是中国当代著名作家，也是在国际上享有盛名的中国作家之一。几年前，在为写作《格萨尔王》而进行的调研过程中，阿来走入了四川省甘孜藏族自治州新龙县（即清代时称的“瞻对”），对这个地方的历史产生了浓厚的兴趣。《瞻对：终于融化的铁疙瘩——一个两百年的康巴传奇》一书便从这种关注中诞生。

本书共25万字，单行本，分精、平装两种版本发行。本书为长篇纪实作品，记录了始于雍正八年（1730年）、长达两百年的瞻对之战。作者以强烈的社会责任感及对历史的深切关注，深度、审慎地探索这段历史，挖掘其中蕴藏的鲜为人知的细节，探索藏区不安定的历史原因。

通常，人们说藏区，总是将视线停留在西藏。西藏以外的藏区受到的关注相对较少。其实，从历史上看，反而是西藏以外的藏区出现问题较多。因为这些地区更接近于内地，文化的冲突和碰撞也更激烈。这些藏区的稳定，是历史上各朝当政者都相当重视的问题。在阿来看来，今天藏区的问题有现实的原因，更多却是历史的回响。在本书里，通过阿来大量的田野调查和资料搜集整理，以生动的笔触和翔实的史料再现了被烟雾和尘土掩埋多年的历史真貌。

四川文艺出版社此次不惜重金，在众多的竞争者中胜出，赢得此部书稿的出版权，是基于对作品本身的重视，更体现着社会责任的担当！我们希望发挥出版社的传播作用，重点推出这部深度探索藏区历史、从人文的角度剖析藏族文化的长篇纪实作品，为今天治理藏区提供参考和借鉴，以促进民族团结，推进各民族和谐、繁荣大发展。

立足专业显特色　大力创新求发展

四川辞书出版社社长
杨　斌

四川辞书出版社立足于工具书的出版，创新出版理念、管理方式、经营方式，顺应市场，守正出新，强化业已形成的品牌优势，狠抓畅销书、常销书的出版，力求产品优质化、品种系列化，以专业显特色，以创新求发展，不断提升社会和市场影响力。

一、实施精品战略，维护好已有品牌。注重文化传承，着力打造精品，在语词工具书和百科全书的板块上发挥品牌优势，做好《汉语大字典》深入开发和《敦煌文献语词大典》等重点图书的出版工作。夯实基础，维护好已有的品牌产品，对品牌产品实行升级换代。《汉语大字典》是国家文化建设重点工程，也是四川辞书社品牌产品，出版社将继续做好这个品牌的维护及系列产品的开发工作，尽快推出缩印本以满足市场需求。不断修订完善《汉语成语词典》《50000 词现代汉语词典》《甲金篆隶大字典》《牛津学生英汉词典》等优质产品，精益求精，使之形式、内容与时俱进，适应新环境下读者的需求。

二、挖掘市场需求，创新开发产品。深入市场调研，大力延伸开发各种类型的助学工具书，争取在细分市场上占据优势。紧密结合新教材、新课标的要求，强化工具书的实用功能，注重各个阶段学生学习的需求，做到产品系列化和可持续开发。四川辞书社社科订货会推出的《彩图版小学生成语》、小学生多功能工具书系列、多用工具书系列就是细分读者群、创新体例和形式出版的新书。2014 年即将推出的有大词典系列、八万词工具书系列。

三、不断探索，加强数字化产品开发。出版数字化是时代发展的必然趋势，四川辞书社要抓住这一历史机遇，利用已有资源，推进数字化进程，增强出版核心竞争力。积极推进辞书数字化及语料库建设项目，促进出版资源与高新科技融合，努力开拓辞书出版新业态，寻求新的利润增长点。

四、集中整合资源，做好市场营销工作。改变既有图书发行渠道单一的局面，加大网络销售平台的投入，不断探索新的经营方式，整合优势资源，寻求多方共赢。加强图书营销宣传，重视数字时代宣传的新手段新技术，通过方式多样的活动培养稳定的作者群与读者群，提升出版社的影响力。

巴蜀书社

在危境中迈出稳健的步伐

巴蜀书社总编辑
侯安国

中国作为文明古国，典籍存卷极其丰富。保护文献，整理旧籍，传承民族优秀文化，是古籍出版社义不容辞的责任。巴蜀书社作为我国西南地区唯一的一家专业古籍出版社，自1983年建社以来，坚持“刊行古籍，整理地方文献，出版学术著作”的专业出版理念，以弘扬中华优秀传统文化为宗旨，整理出版古代典籍、地方文献、学术著作、传统文化普及读物等1700余种，其中《古今图书集成》、《道藏辑要》、《佛藏辑要》、《中华族谱集成》、《藏外道书》、《中国水书》、《中华大典》等，在海内外产生了巨大的影响。

转企改制以后，面临更加市场化的环境，巴蜀书社紧紧依托文轩集团的背景，针对自身重点项目多、产品市场化程度不高、学术产品规化性不强等现状，及时转变思想观念，理清工作思路，确定了编辑出版工作总的方向：以重大项目出版为龙头，全面提升巴蜀出版的品牌影响；以学术文化出版为抓手，逐步提高巴蜀出版的学术地位；以优秀文化普及读物为推手，增强巴蜀出版的竞争实力。

巴蜀书社历来重视重大项目的带动作用，不断推出具有独创性、集成性的大型出版项目，《今注本二十四史》、《中华大典》、《西南少数民族村落景观发展与保护》、《羌族文献集成》、《三峡考古系列丛书》等重点项目的稳步推进，不仅有利于出版社品牌形象的塑造，也将大大地带动出版社其他产品的开发。

巴蜀书社长期致力于哲学社会科学学术著作的出版，先后推出的汉语史与中国古典文献学研究丛书、比较文学与文艺学丛书、俗文化研究丛书、儒道释博士论文丛书、佛典丛书、佛学丛书、宗教与社会研究丛书、城市史研究丛书、南亚基地研究丛书、汉语言文字学研究丛书、巴蜀文化研究丛书、诗赋研究丛书等，在学术界都有广泛的影响，至今仍是巴蜀书社图书市场销售的支柱。成规模成套系地持续推出更多高端学术著作，进一步壮大学术著作出版实力，是巴蜀书社当前的重要抓手。

古籍整理出版肩负着积累与传承文化的重大使命，随着国力的增强，传统文化的影响力不断提升，读者对古籍图书的需求逐步增长，这无疑为古籍图书出版带来一线生机，也让越来越多的专业古籍出版社在坚守古籍整理出版阵地的同时，把目光转向传统文化普及读物的出版，以维持生存，保证发展。为了应对市场，我社也专门成立了市场策划出版中心，集中力量，发挥专业古籍出版社固有的优势，从浩瀚的传统古籍中选择其精华开发大众读物，近两年来开发的“中国故事”、“国学小百科”、“唤醒”、“名家赏析”、“国学经典读本”、“开启才艺”、“今文观止”、“图说中外名人”等系列普及读物，由于在选题、内容、装帧、定位等方面力求精益求精，从而实现了社会效益和经济效益的结合，开拓了普及与提高并举的良好局面。

现代电子信息技术为古籍整理出版拓展了新的领域，电子版《四库全书》、《中国基本古籍库》、《四部丛刊》、《康熙字典》、《全唐诗》、《国学经典文库》、《国学备览》等典籍的推出，以其容量巨大、检索方便等优势，深受读者的欢迎。古籍数字化已是大势所趋。因此，加强与多种媒体的合作，加速古籍整理出版的现代化、数字化进程，是巴蜀书社今后寻求发展的方向。

致力于成为青少年成长阅读的专家

四川天地出版社副社长
梁　凌

在党的十八大与十八届三中全会胜利召开后，推进社会主义文化强国建设，推动社会主义文化大发展已成不可阻挡的历史潮流。图书出版业也迎来新的生机与活力。2014 年，天地出版社沿着品牌战略发展规划，开拓创新，力争实现跨越式发展，取得社会效益与经济效益的双丰收。

一、坚定实施品牌战略规划，夯实市场定位及影响。2013 年，天地出版社迈出品牌战略规划的第一步：通过重点产品、产品线的打造和营销使出版服务于青少年成长阅读。2014 年，天地出版社将持续实施品牌战略规划，致力于成为专业的青少年成长阅读出版机构，以“启迪思想、丰富心灵、培养品格、相伴成长”为准则，继续开发“学生万有文库”等为主打的多种图书，从少儿文学经典、文学原创、少儿科普、文史普及、人生哲理与成功励志等方面为青少年量身制作，进一步加大市场的认知，对建立天地社青少年成长阅读的品牌图书形成有效的支撑。

二、以实施精品策略为抓手，扩大社会影响力。2013 年，天地社《风的舞鞋——一个乡村教师的赞歌》、《长颈鹿但丁漫画语录》两种图书入选原新闻出版总署第四届“三个一百”原创图书出版工程推荐目录；《我们心手相连》一书入选中宣部、教育部、团中央向全国青少年推荐 100 种优秀图书目录思想品德类；《最好看的当代名家小小说》系列图书入选 2013 年“经典中国国际出版工程”资助项目；《珍惜感恩的有效期》、《100 位外国名人改变命运的故事》入选“2012 年第十二届输出版优秀图书奖”，这些使得天地社的社会影响力进一步扩大。2014 年，天地社将围绕主题出版、重点项目与重点奖项开发选题，实施精品策略，打造天地社的品牌。

三、“走出去”与“引进来”相互借力，拓展新市场。2013 年，天地社有包括《中国话》在内的 3 个语种、21 种图书输出到泰国及阿拉伯地区；引进了包括英国顶级奇幻文学畅销书《阿特米斯全集》在内的 9 种图书，这些在给天地社带来较好的社会效益和经济效益的同时，也给海内外出版同仁展现了天地社的良好新形象，也利于天地社借力版权输出与版权引进工作，借助文轩总公司的资源和平台，逐步探索图书出版的新模式，拓展新的市场，借势借力打造天地社的出版品牌。

四、推进网络化、数字化、立体营销。数字出版的发展令传统出版业面临前所未有的挑战，天地社将清理完善现有出版内容资源，推进出版网络化、数字化力度，实施数字出版平台建设计划，争取逐步实现从传统出版到数字出版的转型，形成立体营销格局。

五、探索期刊立体化发展新模式。天地社社办期刊《时代英语》一直以来因其优质的英语学习内容受到学生读者的喜爱。2014 年，天地社在现有基础上，逐步探索期刊数字化、教育培训一体化、营销方式转型等立体化发展模式，丰富天地社出版品牌的内涵和价值。

六、企业文化建设为出版社发展提供核心驱动力。天地社通过包括每年拓展训练、业务竞赛在内的多种形式锻造队伍，以形成企业核心竞争为目标，塑造天地社人敢想敢干、求真务实的性格，打造天地社锐意进取、脚踏实地的企业文化。这为天地社持续发展提供核心驱动力。

天地社人将抓住新形势的机遇，迎接新的挑战，为把天地社建设成为专业的青少年成长阅读的出版机构而努力。

华夏盛轩：新华文轩全产业链一体化竞争模式的排头兵

北京华夏盛轩图书有限公司总经理
杨　政

近年来，新华文轩出版传媒股份有限公司致力于探索出版发行全产业链一体化经营模式，在出版与渠道两端精心布局，在自有渠道建设上形成中盘分销、省内零售、商超体系、网络书店、馆配业务多通路、立体化渠道架构；在出版业务上则将北京华夏盛轩图书有限公司作为探索高度产业链一体化经营的排头兵。

所谓产业链一体化，其核心内涵是通过机构与管理机制的改革，使文轩的大众出版业务能以统一的经营理念为指导，树立共同的经营目标，以完善有效的内部管理考核体系为保障，通过出版——营销——发行业务链紧密分工协作及通畅的信息分享机制，集中优势资源，打造文轩大众出版业务的核心竞争力。在此理念下，出版和渠道高度协同，制定一体化的业务发展规划，确定一体化的经营目标，形成一体化的管理考核机制，落实一体化的产品生命周期管理策略;从市场调研、选题策划、编辑加工、营销资源组织，到供应分配计划制定、营销方案制定、项目分析、加印决策，再到客户征订、物流跟踪、铺货上架、添配维护、营销执行、促销清退、渠道优化等产业全流程都贯彻一体化分环节协作机制，形成专业的执行力与快速反应能力，打造文轩出版全产业链竞争力。

在实践过程中，华夏盛轩充分发挥其在选题策划、产品研发、营销创意的发动机作用，着力打造优势产品线集群，以优质产品为纽带，带动上下游全产业链协同运作，取得了不俗的业绩。

2013年上半年，华夏盛轩经过认真调研，与文轩中盘、文轩商超一起推出一体化重点项目《中国少儿必读金典》系列，这个项目完全根据新华文轩的渠道特性和资源状况量身打造，内容优质，装帧精美，定价合理。在这套产品的经营上，华夏盛轩与文轩中盘、文轩商超分工协作，采取产业链分环节一体化运作，成效显著，全套产品30个品种，上市短短三个月各渠道累计铺货、添货即超过20000套，销售规模达到2400万码洋，全系列图书在全国各地市场都获得了非同凡响的业绩，并仍在持续热销中。这个项目的成功，可谓是出版发行业务一体化竞争模式的典型案例。

产业链一体化竞争模式在快速反应，集团作战方面优势明显。2012年3月为配合中央号召学雷锋活动，华夏盛轩在第一时间推出黄亚洲所著长篇小说《雷锋》，以策划创意部门为枢纽，文轩旗下各销售渠道通力配合，联动营销，当年销量即超过15万册，给社会注入正能量，反响强烈，《雷锋》借此荣获中宣部第十二届全国"五个一"工程奖。2012年末，莫言荣获诺贝尔文学奖的消息传来，华夏盛轩立刻启动《莫言自选集》的改版和销售工作，通过上下游共同努力，在最短时间内实现了全国全渠道铺货，立体营销，销售业绩捷报频传。

得益于一体化经营模式，近年来，华夏盛轩策划出版了《邓小平改变中国》、《他影响了中国——陈云全传》、《开国第一战》、《舍与得的人生经营课》、《红尘中最美的重逢》、《哈佛气质课》、《啊，鼓岭》等一批畅销书和影响力突出的品牌图书。根据开卷数据显示，华夏盛轩已有6个细分产品线的市场占有率进入全国前十，年生产和销售码洋双双过亿。

赤橙黄绿青蓝紫，谁持彩练当空舞？

在传统出版面临巨大挑战和转型压力的大背景下，华夏盛轩依托母公司的资源配置和自身的创意基因，正在践行新华文轩全产业链一体化竞争模式，不失为中国出版业发展创新道路上一抹独特的风景。

西南财经大学出版社有限责任公司

开财经视野 扬大学文化 一体两翼协同发展

——西南财大出版社展“十二五”宏图

西南财大出版社总编辑
许德昌

西南财经大学出版社是我国西部唯一的财经专业出版社，建设近三十年来共出版了金融、保险、会计、工商管理、财政、统计、理论经济学等专业的教材、学术著作和普及读物、工具书等5000余种，有200余种图书获部省级以上优秀图书奖。其中，《现代企业制度论》获中宣部“五个一工程”图书奖，《资本经营》获中国图书奖，《中国的经济改革与产权制度创新研究》获新闻出版总署“三个一百”原创图书奖。“十一五”期间，出版规模不断扩大，销售码洋快速提升，财务状况良好，取得了显著的经济效益和社会效益。

2010年，出版社完成转企改制，正式更名为成都西南财大出版社有限责任公司，进一步强化“开财经视野，扬大学文化”的理念，完善了公司治理结构，制定了公司发展战略，公司“十二五”发展规划确定的改革发展目标是:优化图书结构，创新营销手段，加强队伍建设，探索资本运作，走内涵式发展道路，形成“一体（传统出版）两翼（数字出版和书城）”的发展格局。“十二五”末把出版社建设成为“特、精、专”的中等规模财经专业出版社。

一、以资本运作为契机，稳步调整产业结构

出版和发行财经特色的教材、教辅和学术著作为主要业务。随着全国高等院校招生规模的持续萎缩，教材教辅由校方集中配置逐步向学生自主购书模式的转变，名校大型出版社和出版集团对教材教辅市场的强势垄断和同质化的激烈竞争，公司面临着发展瓶颈和寻求突破

口的双重困惑及来自市场的巨大挑战。在发挥优势、努力保持现有特色主业市场份额的同时，不失时机，开发一般性图书市场，优化出版产业结构。2013年11月，采用资本运作方式，收购北京亨通堂文化传播公司60%的股权，以此整合社会资源，突破公司对教材高依存度的发展瓶颈，拓宽市场一般图书发展渠道。

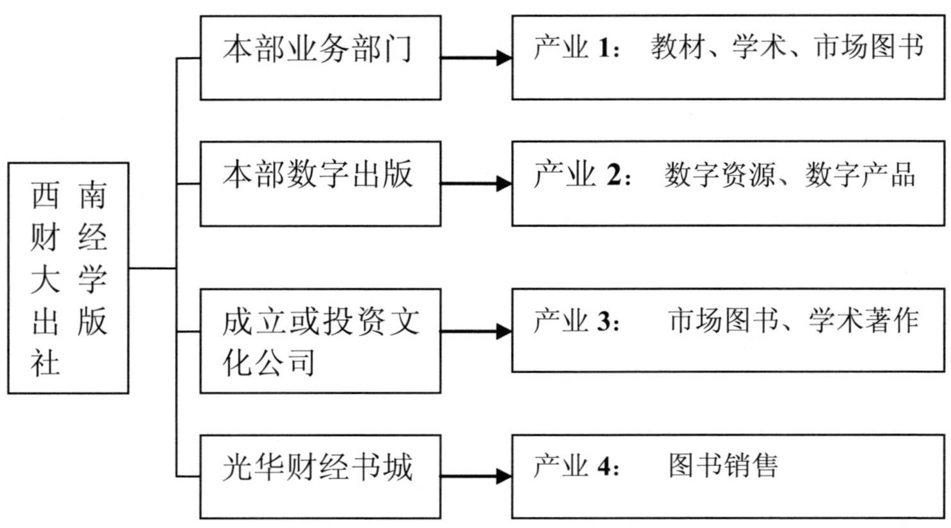

二、以产品开发为载体，实施品牌建设工程

加强选题策划，创新图书品种，重点开发能满足市场需求的一般图书。合理规划教材、学术专著、一般图书的出书比例。系列化、立体化，分层次、有重点地建设教材性产品，构建财经特色鲜明的教材体系，开发辅导书、教师用书、教学资源等配套资源。组织出版一批高层次、高质量、高品位的学术精品，特别是开发原创性图书，确立在学术界的影响和地位。策划出版一批优秀的普及性、大众化读物，扩大出版社的市场影响力。为此，成立品牌建设领导小组和图书质量审查委员会，完善策划组稿激励机制，构建相应制度，以加强选题论证，加大选题策划投入。

三、以资源建设为重点，实施数字出版工程

以公司核心图书产品资源为基础，独立构建“光华财经数字资源

网”。以我社核心图书产品资源为主要基础，内部通过搜集、制作和开发的方式，外部通过购买、代理和互换的方式迅速积累起以“财经数字资源”为核心内容，具有“自主版权”和“标准规范”的数字出版资源，以“数据库搜索引擎，版权保护”为技术主体，以“先入为主，资源共享，提升流量”为构建思路，以“产品展示、推广和销售，用户在线交互资源”为基本功能，实现互联网出版的基本模式。包括财经类工具书、常备书、教材、教辅、配套多媒体（课件、习题、案例、视频、参考文献等）、专业学术类图书、一般性图书等。

四、以文化建设为基础，以制度创新为条件，实施科学管理工程，构建和谐发展氛围

在各项制度的保障下，致力于“公司理念、公司核心价值观、员工行为准则”为主体的完整的企业文化体系建设。在“开财经视野，扬大学文化”的公司理念的指引下，树立“顾客满意，员工快乐”的核心价值观。以绩效考核为核心，完善公司各项考核激励制度，开展包括文明礼仪、团队建设、执行能力、管理能力等系列培训，贯彻“顾客满意”的宗旨，提高公司竞争力。以保障员工福利为核心，制定、完善公司薪酬福利制度，在公司各个层面广泛开展形式多样的交流联谊活动，实现“员工快乐”的目标，增强公司凝聚力。

突出特色打造精品　做足双效结合文章

贵州人民出版社总编辑
苏　桦

随着党的十八届三中全会开启了深化改革开放的大幕，中国正在迎来新一轮发展高潮，如何紧紧抓住新一轮改革开放的巨大红利，推动出版产业的新跨越，既是摆在全国出版业界面前的一项重要的政治任务，也是中国转变发展方式的客观需要，更是出版产业顺应世界发展大势，应对新媒体挑战，实现中国文化产业“走出去”的重要路径。作为身处“欠发达、欠开发”地区的地方人民社在新形势下如何安身立命？我社提出：植根贵州土壤，独树地方特色，做区域文化的守望者和地方亮点的吹鼓者，立足实际、顺应大势，突出特色，打造精品，在“两个效益”相结合上做足文章的发展理念，将 2014 年确立为我社的“精品年”，“特色年”，加快打造能够适应全球化条件下市场竞争的核心竞争力。

一、立足本土资源，狠抓一个“特”字。我社将把打造具有地方文化特色的出版物产品集合作为厘清定位，独树贵州人民出版社风格特色的重要抓手，通过将政治高度与本土素材相结合，将市场需求与创新表达相结合，着力打造贵州人民出版社产品系列的“黔派风格”。在 2014 年选题计划中，我们一方面在强化内容特色上狠下功夫，无论是具有政治意义的重大题材选题，还是一般性的选题，都把内容特色作为十分重要的指标因素，摆在十分突出的位置，组织遴选了《遵义会议精神研究》、《乌江风云 1935》、《遵义会议——转折八十年》、《黔说·城记》、《贵州宗教史》等具有贵州特色的选题，通过精选角度、挖掘深度，努力避免选题内容的一般化，让贵州元素在选题中唱主角，用特色确立自身在出版市场竞争中的内容竞争力；另一方面，我们努力加强产品策划，将提升内容质量与形式规划相结合，充分运用包括各种新媒体技术在内的各种设计手段和传播技术，在塑造自身产品的形态特色上狠下功夫，在该社 2014 年的选题中，不仅有《手绘百苗图》、《红军长征在贵州（图画书）》等通过“老酒新装”等新的形式特色挖掘出来的新产品，也有《中国西南濒危文字图录》等以图录形式彰显内容内在价值的新尝试，更有《老贵阳的儿童游戏和童谣》这样引进现代新媒体技术创新图书表现形式的新尝试，让人不禁为之眼前一亮，使特色成为该社 2014 年选题规划最突出的特色。

二、深耕优势资源，突出一个“精”字。在 2014 年的选题规划中，我社将力量向优势资源和强势品种集中，强调深耕优势资源。一方面，紧紧抓住贵州省内优质作者资源和选题资源做文章，不仅为他们的自主选题做好服务，而且主动开展策划实施选题经营。如：与省内有关方面联合策划，整合全省最有影响力的名人专家以及报纸媒体的记者资源，推出了《多彩贵州旅游系列丛书之四季贵州丛书（一套四册）》、《黔说》系列；再如，对曾经成功推出并在省内外取得了巨大影响的《全球学》开展深度经营，2014 年可进一步推出《全球学》的姊妹篇——《全球发展学》。在狠抓省内资源经营的基础上，贵州人民出版社以“经典远流”、“中儒”等合作实体为抓手，将触角伸向省外，形成了《中国四大私家藏书楼百年史》、《高洪波动物童话诗绘本（6 册）》、《我的梦想——贵州少数民族孩童追梦之路》、《动物世界青少版》等选题全国性题材的选题组合。

西藏人民出版社

西藏人民出版社战略构想

近年来，西藏人民出版社在西藏自治区党委、政府、自治区新闻出版局的总体部署之下，成立了现代化出版传媒基地，在图书出版方面取得了非凡的成就。面对新形势、新机遇，在新的一年里，西藏人民出版社又制定了新的发展规划，提出了新的战略构想。

西藏人民出版社作为西藏自治区唯一的综合性图书出版社，在全面正确地宣传民族、宗教政策，更好地挖掘、整理、继承、弘扬本民族优秀传统文化，提高各族人民整体科学文化素质，传播先进文化知识，促进思想文化交流等方面发挥着不可替代的作用。

建社42年来，该社始终以精品图书立社，长期坚持搜救、整理和出版藏民族优秀文化遗产，适时研发和推出新时代文化艺术作品，为繁荣、促进西藏自治区的文化大发展做传世见证、经典不衰的历史文本；认真做好全国统一教材和其他相关教材在西藏地区的租型重印工作，保障印装质量和全区范围的需求，着力完成中小学藏文教材的出版发行任务，并不断研发中小学辅助教材，特别是藏文辅助教材，为西藏自治区的教育事业再上新台阶做出了应有的贡献。

在不断发展壮大的历程中，西藏人民出版社领导班子深知自己肩负的神圣使命和时代责任，始终把党和国家的利益与民族利益置于首位，紧紧围绕党和政府的中心工作，努力实现社会效益和经济效益双赢，弘扬主旋律，突出地方特色和民族风格，出版了各类藏汉文图书6600多种，累计印数达7890多万册，先后有150多种图书在国内各种评奖中获奖。

在选题策划上，西藏人民出版社继续积极推进“十二五”国家重点出版物规划，策划增补一批重点展现西藏文化的精品选题。并紧紧围绕中国梦的文化底蕴和基本要求，结合实践，推出一批重点选题。

2013 年，西藏人民出版社完成的重点选题有《新旧西藏对比》系列丛书、《百种藏汉图画书》系列、《民族团结》丛书、《藏传佛教坛城画册》。其中《藏传佛教坛城画册》获政府出版奖。

在创新手段上，力求目光更加高远，规划更加科学，项目更加厚重。2014 年，已列入西藏人民出版社重点选题有《美丽西藏》丛书等。

在项目论证上，将本着坚持正确出版导向，坚持质量第一，坚持突出重点、突出创新成果、突出原创，坚持公平、公正的评审原则，对所有征集和申报项目进行综合评估审核。

今后，西藏人民出版社将加大西藏旅游、藏医藏药、高原绿色食品、西藏矿产资源、高原生态环境保护、民族手工业、农牧民实用科普知识读物等支柱产业系列图书出版工作力度，正着手努力研究策划出版一批内容丰富、形式多样、印制精良、富有特色、双效俱佳的特色精品图书，充分发挥已建立的西藏人民出版社北京编辑发行部的作用，积极采取“请进来，走出去”战略，进一步加强北京编辑发行部在内地的出版资源优势，加大合作力度，实施精品战略，创出特色出版，提高印制质量；同时加快图书发行网点建设和出版物物流中心建设。

展望未来，西藏人民出版社将继往开来，在西藏自治区文化大发展大繁荣和文化体制机制改革大好形势的推动下，西藏人民出版社将抓住一切有利于自身发展的机遇，主动走出去，继续强化内部机制改革，增强发展活力，提高业务能力，拓宽服务范围，努力发挥好党的重要舆论阵地作用，继续做好党和政府重要方针政策的宣传工作，继续做好西藏自治区基础教育教科书的出版发行工作，为全区经济社会跨越式发展和经济发展方式的转变提供智力支持，力争在“十二五”期间将西藏人民出版社建设成为有影响力的、现代化的出版传媒基地。

未来出版社

立足体制机制创新　促进出版结构转型

未来出版社总编辑
陆三强

近年来，少儿图书市场一直保持快速增长的趋势，从事少儿出版的出版社和民营机构也逐年增长，而面对快速增长的少儿图书市场和同行的竞争，对我们提出了更高的要求和挑战。

未来出版社在今后两三年的转型发展期间，除做好教材修订研发的同时，将大举进军少儿图书市场，打造精品，创造品牌，带动全社少儿图书占领市场，促成我社从主要依靠教材教辅转换到主要依靠市场化图书上来，使我社少儿图书能在全国少儿图书市场占有一席之地。

出版社转企改制已经完成，但从事业单位向企业化建设的机制建立还任重道远，除了出版社全员解放思想、开拓思路，建立企业化发展思维，还要在企业机制创新上下功夫。未来出版社经过几年的探索，在图书出版方面，逐步建立以选题评价制度（目的在于通过一定的制度，帮助策划编辑全面地思考问题，同时也使得选题评价在一定程度上量化，便于不同类型的选题在社会效益、经济效益方面的量化考核，进而找出规律，弥补不足）、图书营销分级管理制度（通过对产品进行 A、B、C 品级管理，建立不同等级的营销投入力度，便于集中优势资源对 A 级重点品进行广泛深入推广）、产品听证制度（主要在编校环节考察选题实现情况与选题申报阶段的偏差，从文字、插图、体例、封面、版式等多角度进行综合评价）等立足于市场化图书的体制创新；在管理方面，完善企业制度下的分配体制改革，建立健全人才梯队建设制度。

少儿图书有着巨大的市场，未来出版社也将围绕少儿市场不断地发掘商机，加大少儿图书产业链建设和投入，继续深入挖掘各种资源，在少儿文学、科普百科、低幼板块进行重点布局。

少儿文学板块，在 2012-2013 年推出的国际大奖小说《四眼田鸡小玛诺林》、《鲸武士》、《雪橇犬之歌》、《冬天的小木屋》等图书的基础上，将陆续推出包括国际安徒生儿童文学奖、纽伯瑞儿童文学奖、卡内基儿童文学奖等奖项的获奖作品。

科普板块，除引进国外优秀图书外，也将在信息时代和多媒体到来的今天，打造能够真正让孩子、家长和老师认可和喜爱的少儿科普类图书。

低幼板块，将在绘本、低幼启蒙、游戏益智等方面有所开拓，并逐步形成特色。

北京向尚文化传媒有限公司

“一体两翼”新模式　营销出版创未来

北京向尚文化传媒有限公司（UPM），致力于资源整合条件下的营销创新，是国内为数不多的以出版文化产业为基点，面向各行业开展出版资源整合营销的专业传媒公司。公司通过对出版文化产业和其他各行业提供专业服务进、行深度对接，为合作客户提供具时代创新意识的文化营销服务。

针对出版业目前面临的出版营销问题，公司现已形成以“文化营销服务”为主体，线上图书网络营销推广、线下公关活动推广为两翼的全方位服务模式。

一、“深媒体”——文化新营销。通过为各行业提供文化营销推广服务（以定制出版为主要服务内容），即利用定制图书这样特殊的传播载体，在内容上对宣传对象做深度的解读、独特的传播，集选题策划、图书制作、对口出版、多渠道销售以及后续跟踪推广等模块于一体，整合操作，以达到深度、持久地传播效果，对传统媒体传播单一性的劣势进行填补，使得整个传播过程更具有预测性和目的性。在信息碎片化时代下，种类繁多的媒体中，这是具有独特优势的一种创新营销传播模式。而向尚传媒将这种“文化营销服务”模式整合称为“深媒体”传播模式，这一概念目前已经得到了广泛的关注和认可。

二、web2.0时代 ——你必须做的交互营销。图书网络营销，是向尚传媒在web2.0时代下，特为出版机构提供的一项图书营销推广服务。图书网络营销以图书营销策划为核心，利用丰富多样的网络媒介，诸如网络论坛、网络新闻、微博、百科、电子邮件、QQ群等方式，发布图书的重点内容。通过创新的宣传方式以及宣传亮点，将图书网络信息最大化，并针对相关潜在读者进行有效的交流互动，使之与图书轻松“零距离”接触，达到传播迅速、涉及面广、目标精准的传播推广目的。截止到目前，向尚传媒已成功为多类图书量身定制网络营销推广服务，并取得了不凡的成绩。部分案例包括：《网电空间战》（国防工业出版社）、《世界是连锁的》（海天出版社）、《苏东坡和他的大宋朝》（成都时代出版社）、《碑》（解放军文艺出版社）、《中国人该怎样吃》（人民卫生出版社）、《当心沙发里屁股：改变命运的15种态度》（陕西师范大学出版社）等，更多案例请查询公司网站。

三、线下公关活动服务。在线上传播的同时，向尚传媒针对不同客户的营销推广需求，结合文化营销服务的理念，为广大客户提供活动全案策划、组织、执行等管家式服务，实现全方位传播品牌。其中包括出版行业：新书发布会、沙龙论坛、见面会等活动；其他行业：新闻发布会、展览展示、会议论坛、开幕仪式、年会、酒会等各种企业活动。为满足各企业的营销需求，向尚传媒提出了植入企业文化的“定制活动”概念，为客户量身打造专属于客户、展示客户个性的服务。基于这样一个双向优势，向尚传媒在历年北京图书订货会期间，承担新闻中心运营工作，并策划、组织新闻中心品牌活动“新书发布会”及现场宣传活动。

向尚传媒致力于文化营销和营销创新服务，在今后的营销之路上，我们将不断深化其内涵，拓宽出版营销新思路，为出版业提供专业化的营销服务；并将线下活动做稳、做实，创新活动形式，力争服务好每一个客户，做好每一个项目。“一体两翼” 的服务模式在新的一年将会越飞越高、越飞越远！

北京科迪通信息技术有限公司

发展中的北京科迪通信息技术有限公司

史立强

北京科迪通信息技术有限公司（以下简称科迪通）成立于2005年，是专业面向新闻出版行业，致力于提供信息化产品、信息化解决方案以及高新技术企业。我们力求用最先进的管理理念、管理模式和管理技术为出版社（集团）实现全面信息化管理提供最完善的解决方案，使出版社（集团）在增强竞争力的同时获得最大的经济效益。

在经历了公司成立到现在短短几年时间的市场竞争洗礼，已迅速发展成为较具有规模的出版业信息化解决方案提供商之一，客户遍及全国各地，目前已拥有客户七十多家，业务范围涉及出版社、报社、文化公司等。

作为出版行业信息化解决方案提供商，2005年《科迪通出版业ERP系统》V1.0的问世，标志着公司在出版业信息化发展的道路上迈出了重要的一步，并为日后系统的完善、做大企业规模、实现企业战略化经营格局奠定了良好的基础。自公司成立以来，我们始终以“客户满意是我们最大的追求”为宗旨，竭力为客户提供高质量的产品和服务。我们的目标是：成为国内一流的出版业软件提供商，引导和促进出版行业的信息化建设。

具有行业特色的出版业ERP系统：通用的ERP系统虽然有很强的适应性，但是在灵活性方面很难满足不同出版社的需要，以致在使用过程中，接受起来会非常困难，包括它的术语，它的界面，都会让人感觉到很不适应。每当换一个这样的系统，都会怀念以前的老系统，觉得老系统熟悉一些。为改善这一局面，目前公司已推出了最新版本《科迪通出版业ERP系统》V2.4，已经很好地适用于各个出版社不同的需求，大大提高了软件的自由度，如今的出版业管理理念，已是瞬息万变，各出版社也制定出具有自己特色的管理方案，为了满足不同出版社业务的需要，我们今后还要不断地优化产品功能、性能、结构等以适应市场的需求。

大力发展数字出版：数字出版作为一种新兴载体和互联网技术的产物，代表着世界出版的方向与未来，随着互联网的普及和大众计算机应用水平的逐步提高，人们的阅读范围、阅读习惯、阅读速度、阅读环境等发生了新的变化 为满足不同读者的阅读需求，各出版社也加大了数字出版力度，为迎合市场需要，未来几年里，公司将大力发展数字出版这一领域，使电子出版与纸质出版完美结合

自动化办公与出版业 ERP 的完美结合：科迪通 ERP 系统是借助于先进的信息技术，以财务为中心，以单书核算为核心，集物流、资金、信息为一体支撑企业精细化管理和规范化运作的管理信息系统，随着办公环境的改变，走向无纸化办公已是企业发展的必经之路，信息的共享已成为企业的重点，为此，我们努力将办公信息与资源信息有机地结合在一起，打造真正具有行业特色的 ERP 管理系统。

2014北京图书订货会
相关重要资料

立足三个依靠　努力拓展品牌

——专访2014北京图书订货会组委会负责人

《中国出版传媒商报》记者

方　菲

问：十八届三中全会决定已经公布，其中关于文化体制改革创新的内容非常丰富，请问，在全行业深入学习贯彻三中全会决定的形势下举办2014年北京图书订货会，有什么特殊意义？

答：北京图书订货会是按照党和国家大局的需要、按照出版市场的生产和供应实际情况、按照社会各界和广大读者对图书的实际需求而举办的。2014北京图书订货会在新一年的一月份举办，这是全年的起始点，历来被业界看作行业风向标。订货会前后，还要召开全国宣传部长会议，召开全国计划会议，召开全国新闻出版广电总局局长会议，全国、全行业都在深入学习贯彻三中全会精神。这些背景自然赋予订货会更加重要的意义。图书出版发行作为我国意识形态的主阵地，担负着为国家政治建设服务、为经济发展服务、为社会发展服务义不容辞的责任。这是我们贯彻三中全会精神，深化文化体制改革，落实总局职能转变决策的一项重要任务。于图书的内容导向、各类图书的结构、图书发行等各方面，我们都要尽可能科学合理地考虑到，落实好。要通过我们的订货会发挥正确的舆论导向作用；要展示十八大、三中全会以后全国涌现出来的一大批优秀出版物，唱响主旋律，传达正能量，服务于党和国家改革发展大局、服务文化繁荣发展大局。同时，订货会还应该发挥精品示范作用，展销产品能够代表我国当代出版物的最高水准。要展出思想内容好、艺术水平高、深受广大读者欢迎的出版物。同时，还要本着为出版发行行业服务、为会员单位服务、为馆配商服务、为全民阅读服务的宗旨，宣传企业形象，展示出版成果，交流市场信息，拓展国外市场，推动华文出版物更多的走出去。

问：这次订货会是国家新闻出版广电总局成立以后召开的第一次订货会。请问总局对这次会议有何具体要求？

答：关于这次订货会，总局领导和有关司局领导曾经专门约谈中国版协、中国发协两个协会负责人，对2014北京图书订货会提出四点意见：一是总局不再对北京图书订货会进行审批；二是北京图书订货会这种市场化程度较高，已经运作成熟的展会，总局已无必要再作为主管单位管理；三是中国出版协会、中国书刊发行业协会在订货会筹备过程中，要严格贯彻总局《关于坚持厉行节约、严格控制和规范新闻出版展会的通知》要求，节俭办展，规范办展；四是鼓励中国出版协会、中国书刊发行业协会在筹办过程中，进一步发挥行业协会作用，加强市场运作，加强对展会效果的评估，必要时可请总局相关司局在业务上予以指导。总局的意见非常明确，政府主管部门要转变职能、下放权力、明确职责。要求行业协会认真履行职能，承担由政府转移出来的工作，按市场规律办好展会。全国人大教科文卫主任、中国出版协会理事长柳斌杰对办好订货会也有过具体的指示，他特别强调，要把握未来趋势，加大品牌拓展。他说，从国际国内形势来看，出版发行业实现大发展的战略机遇期没有变；从政策环境来看，从中央到地方，鼓励创新、支持发展的政策也很坚决。未来十年，出版发行业发展“两化”趋势将更加明显：一是市场化趋势。打破行政壁垒、区域封锁，实施兼并联合、战略重组，将会有实质性新突破，现代大市场大流通体系将会逐步建立。二是数字化趋势。随着数字传播技术的推广使用，出版物数字化、发行网络化趋势日益明显，这一趋势是不可阻挡的。办好展会，就必须把握大趋势，关注新渠道，立足长远，谋划发展。唯有如此，才能打造方向正确、双效俱显的品牌展会。

根据总局和斌杰理事长要求，本届订货会改由中国版协和中国发协主管主办，我们的组织形式、运行机制、管理方式和工作方法等方方面面都要适应这个新情况和新形势，与时俱进，管理到位。我们一定要按照总局要求，让这届订货会在原有成绩的基础上，继续坚持为行业服务的宗旨，使之成为展示出版界繁荣发展的窗口和风向标；继续推进订货会体制机制改革，要用实际行动贯彻落实总局要求，加快展会向专业化、制度化、市场化、国际化方向迈进。

政府不再主管，缺少政府的直接号召，怎样保证展会一如既往地成功出彩？组委会的思路非常明确，就是立足三个依靠，努力拓展品牌。第一，要紧紧依靠各省、自治区、直辖市出版协会、发行协会的组织、协调和行政部门的指导、监管；第二，要紧紧依靠全国各出版集团、发行集团和各出版单位的精心策划、规模经营；第三，要紧紧依靠民营书业机构和新兴出版产业，为展会增添生机和活力。经过前一段时间的筹备，现在已经看清了，各地方两个协会、各出版发行集团、各民营书业机构和新兴出版企业全力以赴支持我们的工作，已经收到意料之外的成果。至11月25日，订货会图书馆馆配会采购商务会议显示，招展启动仅16个工作日，订货会就订出2146个展台，预计参展品种将达50万种。同期举办的北京图书订货会图书馆馆配订货会也订出792个展台。现在距会议开幕还有一个多月时间，组委会将进一步加大招展力度，预计明年订货会总体规模会与今年相当。

问：现在距离开会还有一个月时间，据说筹备工作基本就绪，未来展会的面貌基本成型。请问怎样概括这届展会的创新和亮点？

答：这届展会可以概括为五大创新，或者说五个亮点。第一个亮点就是上边已经说到的，由中国版协、中国发协独立主持这届展会。这个变化不要小看。你可以说，这是政府放权，还权于行业协会；你也可以说，形势把两个协会第一次逼到市场，你要有行业协会的职守和担当。政府把市场的权力放下来，交给行业协会去做，这是中国未来的大趋势。现在两个协会主持订货会，只是开始，今后要做的事情还有很多。所以我们把办好这次展会，当作是对自己的锻炼和考验，进一步增强行业协会组织会展的功能，加快构建国际会展制度，只许成功，不许失败；第二个亮点是将两个协会成立的组委会定为展会的决策机构，重要职务一岗双责，方便两个协会相互支持，相互监督，讲究时效，和谐管理；第三个亮点是设立数字出版、网络营销专区；第四个亮点是学习其他书业展会的做法和成功经验，设立民营书业（也就是图书行业内所说的“二渠道”）专区；第五个亮点是启用网上注册报名，提高效率，但今年仍以纸质报名为主，试行双轨报名方式。鉴于近年国内外古旧图书交易非常活跃，经国家文物部门批准，中国书店将于展会同期举办古旧图书交易拍卖会，激发读者读书、藏书的兴趣。

问：2014北京图书订货会一如既往秉承前几届为参展商、为读者提供便利服务的宗旨，请简要介绍一下这些优质服务的要点。

答：与往届不同，本届订货会更像一个国际图书采购会——考虑到图书馆的采购需求，除原有的中文图书订采区外，还将首次设立外文原版图书订采区和台版图书订采区。其中，中文图书订采区图书多为2012年1月以来出版的图书，外文原版图书订采区的图书多来自牛津大学出版社、剑桥大学出版社等知名国际出版商，台版图书订采区图书则多为国学类图书，预计可供采购图书将达20万种。

同时，组委会还为参展单位提供以下一站式服务：负责海内外参展单位参展报名、预定展台、展台分配；负责会刊信息征集；负责参展单位会刊广告和场馆内外广告预定；负责参展单位订货会期间会议室租赁预定；负责参展单位订货会期间展具租赁预定；负责参展单位订货会期间举办活动报告登记；负责外地参展单位酒店住宿和酒店推荐；负责外地参展人员参加订货会接站报名登记；负责参展单位车证登记；负责参展工作人员的注册报到、订货会现场服务等。此外，主办方还将做到“两免费”，即免费提供参展图书目录和高质量的图书馆编目数据，免费为参会图书馆和采购商提供茶歇等服务。为保证专业水准，图采会还将为所有图书馆、馆配商统一发放参展证件，现场谢绝非馆配专业人员入内。

问：一些出版单位和读者给本报编辑部打来电话，询问2014订货会是否还举办高峰论坛、是否还继续免费赠送《2014中国出版风向标》一书，认为这两件事对于一年起始出版改革发展重要信息交流很重要。

答：论坛继续办，“风向标”一书继续出。而且这两件事都紧紧围绕一个主题服务，即：贯彻三中全会精神，研究如何深化出版改革问题。而且都有新意。论坛，将请全国人大教科文卫委员会主任委员、中国版协理事长、原新闻出版总署署长柳斌杰同志做主讲嘉宾，他将结合前10年新闻出版改革的实践成果和理论成果解读、前瞻贯彻三中全会《决定》精神深化新闻出版改革的一些重要问题，提出思路，并回答大家的提问。其他嘉宾，如中国出版集团总裁谭跃等人，都是我国出版改革发展的重要领军人物，他们的思考和探讨会带入我们一个新境界。

《2014中国出版风向标》一书，我们将把三中全会《决定》的关于文化体制改革部分，把中央和国务院相关部门主要负责人解读三中全会《决定》文化体制改革部分内容，把有关国家部分重要会议主要领导讲话、把全国各省出版集团及重点出版单位新一年改革发展的“蓝图要点”、把相辅相成新一年出版改革发展的数据、资料，尽可能纳入书中，争取出版一本重点突出的、权威的中国出版改革发展重要信息汇于一炉的图书，切实起到风向标的引领作用。

重要名词解释

1. 国有资本运营公司

国有资本运营公司是国家授权经营国有资本的公司制企业，通过划拨现有国有企业股权组建的国有资本运营公司，即以资本营运为主、不投资实业的公司形式，营运的对象是持有的国有资本（股本），包括国有企业的产权和公司制企业中国有股权，运作主要在资本市场，既可以在资本市场融资（发股票），又可通过股权产权买卖来改善国有资本的分布结构和质量。公司运营强调资金的周转循环、追求资本在运动中增值，运作的形式多种多样，通过资本的运营，实现国有资本保值增值。

2. 国有资本投资公司

国有资本投资公司是国家授权经营国有资本的公司制企业。公司的经营模式，是以投资融资和项目建设为主，通过投资实业拥有股权，通过资产经营和管理实现国有资本保值增值，履行出资人监管职责。

3. 负面清单

负面清单是一种国际上广泛采用的投资准入管理方式。政府以清单方式明确列出禁止和限制企业投资经营的行业、领域、业务等，清单以外则充分开放，即“法无禁止即可为”，企业只要按法定程序注册登记即可开展投资经营活动。

4. 准入前国民待遇

投资领域的国民待遇是指东道国给予外国投资者及其投资不低于给予本国投资者及其投资的民事权利待遇。准入前国民待遇是指将国民待遇延伸至投资准入阶段，即在企业设立、取得、扩大等阶段给予外国投资者及其投资不低于给予本国投资者及其投资的待遇。

5. 普惠金融

普惠金融(Inclusive Finance)，也被称作“包容性金融”，最早由联合国于2005年提出。普惠金融强调通过加强政策扶持和完善市场机制，不断提高金融服务的覆盖面和可获得性，使边远贫穷地区、小微企业和社会低收入人群能够获得价格合理、方便快捷的金融服务。

6. 国债收益率曲线

国债收益率曲线用来描述各个期限国债的到期收益率。国债市场的深度、流动性等越高，编制出的收益率曲线越可靠。由于国债的主权信用特征，国债收益率曲线在经济金融运行中具有独特的基准性和指标性功能，往往被作为基准利率曲线，向全社会提供期限较为完整的无风险利率信息。这包括：一是为国债和信用债券的发行和交易提供定价基准，例如，信用债券的定价可参考同期限国债收益率加上相应的信用风险溢价来确定。二是为远期、期货等衍生金融产品提供定价参考，同时也为商业银行等金融机构的资产定价、市场风险管理、会计计量等提供定价参考。三是为宏观经济管理提供参考信息。国内外研究均表明，国债收益率曲线的形状变化、整体利率水平的高低等与经济运行情况密切相关，能较为迅速准确地反映市场预期，因此已成为宏观经济管理的重要参考指标。

7. 存款保险制度

存款保险是国家为保护存款人的利益和维护金融稳定，通过立法建立的，在投保机构出现倒闭、破产等规定情形时，由存款保险基金管理机构依法使用存款保险基金向存款人偿付被保险存款、处置问题金融机构的一种制度安排。一般由投保金融机构向存款保险基金管理机构缴纳保险费，存款保险基金管理机构依法采取必要的预防和处置措施维护存款保险基金安全。

实践表明，设计良好的存款保险制度，有利于加强对存款人的保护，让储户、投资者对未来都有稳定的预期，有效防止银行挤兑；有利于厘清政府和市场的关系，加强市场约束，促进形成市场化的风险防范和处置机制；有利于稳妥发展民营银行、社区银行和中小银行，为培育多层次的金融体系创造条件；有利于深入推进利率市场化改革，为利率市场化解除后顾之忧；有利于形成多方面的监管合力与制衡，增强金融监管的协调性和有效性。

8. 知识产权法院

知识产权法院是指依法设立的，负责审理涉及专利权、商标权、著作权、不正当竞争等知识产权类民事、刑事和行政案件的专门法院。由于知识产权类案件专业性、技术性强，需要具有复合型知识的专业法官，在专门法院集中审理，有利于保证案件质量、确保司法公正。

9. 跨年度预算平衡机制

跨年度预算平衡机制是对现行单一年度预算平衡机制的一种改进，是指在财政预算编制、执行等环节，建立健全跨年度的、合理的平衡机制，实施依法征税，硬化支出预算约束，更好地发挥财政宏观调控作用。其主要内容：一是预算编制要考虑跨年度平衡。财政收支预算因政策需要可编列赤字，但应在政策推出后分年弥补。二是规范超收的使用和短收的弥补。预算执行中如出现超收，超收收入当年原则上不安排支出，用于削减财政赤字、化解政府性债务，或补充预算稳定调节基金，纳入以后年度预算统筹安排使用；如果出现短收，则按程序通过调入预算稳定调节基金、削减支出或扩大赤字加以解决。三是弱化对收入预算的考核，收入预算从约束性转向预期性，促进依法征管。四是加强对支出政策和支出预算的审查，硬化支出预算约束。

10. 权责发生制政府综合财务报告制度

权责发生制政府综合财务报告制度是指各级政府财政部门按年度编制以权责发生制为基础的政府财务报告的制度。按照制度要求，各级政府财政部门要编制资产负债表、收入费用表等财务报表以及报表附注（即报表的说明和解释），并以报表为基础进行综合分析，全面报告政府整体财务状况、运行情况和财政中长期可持续能力。政府综合财务报告不同于现行的决算报告，决算报告以收付实现制为基础，主要反映财政和预算单位当年预算收支执行情况；政府综合财务报告以权责发生制为基础，主要反映一级政府整体的财务状况、债务风险、资产负债规模和结构、提供公共服务的能力等。建立权责发生制政府综合财务报告制度，主要是对权责发生制政府综合财务报告的涵盖范围、主要内容及其编制方法、编制步骤等作出规定，以确保编制报告科学、准确、完整、及时。

11. 自由贸易园（港）区

国际上并没有自由贸易园（港）区统一规范的定义，早期的定义主要侧重于海关对货物监管的需要。据1973年海关合作理事会（世界海关组织的前身）各成员方签署的《京都公约》，自由贸易园区是指在缔约方境内的特定区域，进入这一区域的任何货物就进口税费而言，通常被视为在关境以外。

当前自由贸易园区的内涵不再局限于海关货物监管范畴，已延伸至在贸易、投资、金融、航运、税收等领域实行特殊管理体制和特殊政策的特定区域，具有市场高度开放、生产要素自由流动、贸易投资便利、货币兑换自由、监管高效便捷、法制环境规范等特征。

自由贸易园区如果依托港口设立，从地域范围看则为自由贸易港区。外国船只可自由进出港口，且货物装卸、储存、再改装或分装、装配、加工或转运十分便利，可免除各类行政手续。

12. 绿地投资

绿地投资又称新建投资或创建投资，是外商直接投资进入东道国的两种主要模式之一（另一种为跨国并购），即跨国投资主体在东道国境内，依照东道国的法律设立部分或全部财产所有权属于外国投资者所有的企业。绿地投资能直接促进东道国生产能力、产出和就业的增长。根据参与方式不同，境外投资者在我国进行绿地投资分为设立中外合资经营企业、中外合作经营企业和外资企业三种形式。

13. 非法证据排除规则

非法证据排除规则是指在刑事诉讼中，经由非法程序或者采用非法方法取得的证据，依法不得被采用为不利于犯罪嫌疑人、被告人的证据的规则。非法证据排除程序可以在刑事诉讼各个环节由司法机关依照职权启动，也可以按照当事人和辩护人申请启动，由控方承担证据合法的证明责任，对非法言词证据绝对排除，对非法实物证据裁量排除。非法证据排除规则有助于防止刑讯逼供和暴力取证。

14. 特殊管理股制度

设置特殊管理股是通过特殊股权结构设计，使创始人股东（原始股东）在股份制改造和融资过程中，有效防止恶意收购，并始终保有最大决策权和控制权。具体是将公司股票分为A类股和B类股两种，二者拥有同等的经营收益权，但创始人股东的股票（B类股）具有特别投票权，包括董事选举和重大公司交易的表决等。这种办法为国外很多公司所采用。我国《公司法》也明确提出“国务院可以对公司发行本法规定以外的其他种类的股份，另行作出规定”。

15. 学分转换

学分转换，是对不同教育的学分记录进行认定转换的制度。学习者需要通过普通教育、成人教育、自学考试、网络注册学习等不同形式，分别获得高中、高职、本科等阶段教育的学分，由正规学校或国家承认资质的教育培养机构予以认定和转换，作为阶段性学习成果证明，学习者可依据转换后的累积学分，申请相应学历文凭或学位证书。我国中长期教育规划纲要要求，“建立继续教育学分积累与转换制度，实现不同类型学习成果的互认和衔接”。因此，学分转换还将拓展到非学历证书、实践经历等按比例折合为相应学分。国外很有特点的经验是，欧洲46国签约加入跨国高教学分转换系统，有些国家实行学历资格与职业资格衔接的资格框架。

16. 精算平衡

精算平衡反映的是一定周期内养老保险制度本身的收支平衡问题。指运用精算的原理，在充分考虑人口结构、经济增长、政策变化的情况下，通过合理确定缴费水平和待遇水平等影响养老保险基金收支的政策，实现未来一定周期内养老保险制度的财务平衡。为了实现精算平衡，政府常用的政策工具包括：提高缴费率、改革养老金计发办法和调整办法、调整待遇领取的条件（如延迟退休年龄、延长最低缴费年限等）。例如，在收入水平相对固定的情况下，政府可通过适当降低基本养老金调整频率和增幅以控制基金支出增长规模，使之与收入水平相匹配；在支出水平相对固定的情况下，政府可通过适当提高缴费率水平以增加基金收入，使之与支出水平相匹配。

17. 自然资源资产负债表

自然资源是指天然存在、有使用价值、可提高人类当前和未来福利的自然环境因素的总和。自然资源资产是指其中具有稀缺性、有用性（包括经济效益、社会效益、生态效益）及产权明确的自然资源。自然资源资产负债表是用国家资产负债表的方法，将全国或一个地区的所有自然资源资产进行分类加总形成报表，显示某一时点上自然资源资产的“家底”，反映一定时间内自然资源资产存量的变化。编制自然资源资产负债表，是对领导干部实行自然资源资产离任审计、建立生态环境损害责任终身追究制的基础。国内外对编制自然资源资产负债表还没有成熟的方法制度，因此需要探索。